高等学校交通运输类专业新工科教材

Introduction to National Spatial Planning
国土空间规划概论

张水潮　贺康康　张　茜　孙　静　主　编

人民交通出版社

北　京

内 容 提 要

本书着重介绍了国土空间规划的相关理论体系和主要内容。本书共有九章,内容包括城市与乡村,城市规划思想发展,国土空间规划体系,国土空间用地的分类与使用,城市的形态、空间结构和功能布局,城市交通与道路系统,城市基础设施及工程管线综合规划,控制性详细规划和国土空间规划前沿趋势。

本书可作为面向交通工程、交通运输专业本科生开设的专业选修课教材,也可作为其他相近专业的国土空间规划概论课程教材,亦可供从事国土空间规划工作的人员参考使用。

图书在版编目(CIP)数据

国土空间规划概论 / 张水潮等主编. — 北京:人民交通出版社股份有限公司, 2024.11. — ISBN 978-7-114-19831-1

Ⅰ. F129.9

中国国家版本馆CIP数据核字第2024FW8423号

Guotu Kongjian Guihua Gailun

书　　名	国土空间规划概论
著 作 者	张水潮　贺康康　张　茜　孙　静
责任编辑	李　晴　杜希铭
责任校对	赵媛媛　刘　璇
责任印制	刘高彤
出版发行	人民交通出版社
地　　址	(100011)北京市朝阳区安定门外外馆斜街3号
网　　址	http://www.ccpcl.com.cn
销售电话	(010)85285911
总 经 销	人民交通出版社发行部
经　　销	各地新华书店
印　　刷	北京科印技术咨询服务有限公司数码印刷分部
开　　本	787×1092　1/16
印　　张	11.125
字　　数	278千
版　　次	2024年11月　第1版
印　　次	2024年11月　第1次印刷
书　　号	ISBN 978-7-114-19831-1
定　　价	49.00元

(有印刷、装订质量问题的图书,由本社负责调换)

前言

国土空间规划是国家空间发展的指南、可持续发展的空间蓝图,是各类开发保护建设活动的基本依据。近年来,党中央、国务院作出重大部署,要求建立国土空间规划体系并监督实施,将主体功能区规划、土地利用规划、城乡规划等空间规划融合为统一的国土空间规划,实现"多规合一",强化国土空间规划对各专项规划的指导和约束作用。2019年5月正式印发的《中共中央 国务院关于建立国土空间规划体系并监督实施的若干意见》,是我国开展国土空间规划工作的纲领性文件。

交通规划是国土空间规划中的一项重要专项规划,交通组织、交通管理与控制等相关工作也与国土空间规划息息相关,因此,对于交通工程专业的学生来说,国土空间规划的相关知识既是学习后续相关专业课程的重要基础,也是今后工作所需的重要专业知识。国土空间规划体系庞大、内容繁多,用有限的学时让交通工程专业的学生掌握国土空间规划的核心知识,尤其是与交通工程专业相关的知识,是交通工程专业教学环节中的一项重要内容。同时,由于国土空间规划体系的提出距今时间不长,管理技术体系及相关规范标准尚在逐步完善,目前出版的国土空间规划相关专业教材也较少,而适合交通工程专业学生使用的国土空间规划概论类教材更是鲜有。因此,编写一本与交通工程专业课程相衔接、适合少学时课程使用的国土空间规划概论类教材尤为必要。

为体现专业交叉与融合,本书编写团队由具有交通工程、城乡规划、建筑学等专业背景的教师组成。本书主要编写人员为宁波工程学院建筑与交通工程学院的张水潮、贺康康、张茜、孙静和马力老师。具体编写分工如下：第一至四章由张水潮、张茜编写，第五章由孙静、马力编写，第六至八章由张水潮、贺康康编写，第九章由孙静编写。本书从2019年开始编写，2020年春季学期开始以讲义的形式在宁波工程学院交通工程专业"国土空间规划"（原为"城市规划原理"）课程中使用，目前已使用了五年，此间对相关内容进行了多次更新与完善。

在本书的编写过程中，作者参考了大量国内外书籍、文献，在此谨向参考文献和资料的作者表示衷心的感谢！

国土空间规划的相关理论体系和编制管理体系仍在不断更新完善之中，技术标准和规范也在不断出台，由此加大了教材编写的难度，加之作者水平有限，书中定有不足之处，恳请广大读者批评指正！如有相关意见和建议可与作者联系，电子邮箱：zhangshuichao@nubt.edu.cn。

编　者

2024年4月于宁波

目录

第一章　城市与乡村 ···1
　第一节　乡村与城市的概念 ···1
　第二节　城市与城乡统筹发展 ···3
　第三节　区域与城市发展 ···7
　第四节　城市发展阶段 ··11
　第五节　城镇化及其演化 ···13
第二章　城市规划思想发展 ···20
　第一节　中国古代城市规划思想 ··20
　第二节　西方古代城市规划思想 ··23
　第三节　现代城市规划思想的产生与发展 ··26
第三章　国土空间规划体系 ···33
　第一节　国土空间规划体系的建立 ···33
　第二节　国土空间规划体系的总体框架 ···42
　第三节　国土空间规划编制与管控 ···51
第四章　国土空间用地的分类与使用 ···62
　第一节　用地分类的标准 ···62
　第二节　城市用地的评价与选择 ··71
　第三节　不同类型土地的使用与规划 ···75
第五章　城市的形态、空间结构和功能布局 ···87
　第一节　城市形态和空间结构的概念内涵 ··87
　第二节　典型的城市空间结构形态类型 ···89
　第三节　城市空间结构演变和国土空间规划干预控制 ·································92

1

第六章　城市交通与道路系统 ·· 96
第一节　城市交通的基本概念 ·· 96
第二节　城市道路系统规划 ·· 98
第三节　市域交通设施与用地布局 ·· 102
第四节　城市交通的综合规划 ·· 109
第五节　城市交通发展新模式与新理念 ···································· 111

第七章　城市基础设施及工程管线综合规划 ····································· 113
第一节　城市基础设施规划的相关概念与内容 ······························ 113
第二节　城市工程管线的综合布置 ·· 119
第三节　综合管廊 ·· 125
第四节　城市基础设施发展趋势 ·· 132

第八章　控制性详细规划 ··· 138
第一节　控制性详细规划的基础理论 ······································ 138
第二节　控制性详细规划的控制体系和控制要素 ···························· 140
第三节　修建性详细规划的相关概念与内容 ································ 151

第九章　国土空间规划前沿趋势 ··· 153
第一节　乡村振兴与国土空间规划 ·· 153
第二节　城市更新与国土空间规划 ·· 159
第三节　交通强国与国土空间规划 ·· 164

参考文献 ·· 168

第一章
城市与乡村

第一节 乡村与城市的概念

一、乡村的概念

乡村一般是指以农业为经济活动基本内容的一类居民聚落的总称,又称农村。《辞源》一书中,乡村被解释为"主要从事农业、人口分布较城镇分散的地方"。以美国学者罗德菲尔德(Rodefeld)为代表的部分外国学者指出:"乡村是人口稀少、比较隔绝、以农业生产为主要经济基础,人们生活基本相似,而与社会其他部分,特别是城市有所不同的地方。"

原始部落起源于旧石器时代中期。到新石器时代,农业和畜牧业开始分离,以农业为主要生计的氏族定居下来,出现了真正的乡村。中国已经发掘出的最早的村落遗址属新石器时代中前期,如浙江的河姆渡遗址和陕西的半坡遗址等。按照乡村的经济活动内容,可将乡村分为以一业为主的农业村(种植业)、林业村、牧村和渔村,也可分为农林、农牧、农渔等兼业村落。根据乡村是否具有行政含义,可将乡村分为自然村和行政村。自然村是村落实体,行政村是行政实体。一个大自然村下可设几个行政村,一个行政村下也可以包含几个小自然村。

二、城市的概念

城市最早是政治统治、军事防御和商品交换的产物。"城"是基于军事防御产生的，主要是为了防卫，用城墙等围起来的地域。"市"是基于商品交换活动产生的，故有"日中为市"的说法。最早的市没有固定的位置，因常设在居民点的井旁，故有"市井"之称。到近现代，"市"在我国被引申为一级城镇聚落性质的行政建制单元。"城"和"市"都是城市最原始的形态，严格地说，都不是当下真正意义上的城市。

城市，又称为城市聚落，其核心特征在于高度集聚，表现为密集的人口结构、繁复的建筑群落、庞大的经济资本积累以及快速的信息交流，这些都是构成城市面貌的基本要素。城市不仅是工业与商业活动的集中地，也是从事这些经济活动的人群的主要居住区，它如同一个磁极，吸引并汇聚着来自各方的资源与人才。

从地理空间的角度审视，城市扮演着双重角色：它既是地理上的一个显著"点"，标志着经济与文化的高度发展；同时，在更微观的地域层面上，它又构成了一个复杂的"区域"系统，内部各个部分相互依赖，共同运作。尽管城市占地有限，它却犹如一个能量巨大的枢纽，不仅是人类社会经济活动的重心，也与周边广阔地域维持着千丝万缕的联系，发挥着不可或缺的控制调节与服务支持功能。

具体来说，城市的控制职能体现在通过规划与管理确保城市发展有序，比如交通流量调控、土地使用的合理规划等；调节职能则主要表现在对经济波动的缓冲与适应，通过政策引导和市场机制优化资源配置，促进经济稳定增长；服务职能则广泛涉及教育、医疗、文化娱乐等多个领域，旨在提升居民生活质量，满足多样化需求，确保城市的可持续发展与居民幸福感。因此，城市不仅是物理空间的集合，更是经济调节、社会管理和公共服务高效协同的综合体。

在《辞源》中，城市被解释为人口密集、工商业发达的地方。现今，城市研究横跨多个学科领域，对"城市"的理解呈现出多样化的特点。各种定义倾向于从特定学科视角出发，侧重于对城市某一或若干特征进行阐释，这导致难以形成一个被广泛认可的统一概念。事实上，一个内涵完整且明确的城市定义应当是多维度的，不仅包括人口密集度、工商业发展水平的基础认识，还应深入探讨其区域规划的策略性、内在功能结构的多元性、文化与自然景观的特色、历史底蕴的深度，以及生态环境的可持续性与和谐性，这样的定义才能全面体现城市的复杂性与综合性，反映其作为人类社会发展高级形态的本质与全貌。

第一，城市的规划学定义——在《城市规划基本术语标准》(GB/T 50280—1998)中，城市被定义为"以非农业产业和非农业人口集聚为主要特征的居民点，包括按国家行政建制设立的市和镇"。

第二，城市的景观定义——美国学者凯文·林奇在其经典著作《城市意象》中提出：城市景观是由多样的土地利用、丰富的建筑形态及复杂的立体空间构成的一种综合体，这种综合体既蕴含自然的基底，也彰显了浓郁的人造特征和文化深度。人类对自然环境的改造活动不仅塑造了城市的物理形态，也更深层次地影响到人类社会的文化认同与生态平衡，体现了人与环境之间紧密且复杂的互动关系。

第三，城市的系统定义——城市是一个动态变化的自然社会复合巨系统。美国学者芒福德说，城市既是多种建筑形式的组合，又是占据这一组合的结构，并不断与之相互作用的各种社会联系、社团、企业、机构等在时间上的有机结合。

尽管对城市的定义有多种不同看法，但这些定义的共同点有以下几个方面：一是，城市是非农人口集中,以从事工商业等非农业生产活动人群集聚为主的居民点;二是,城市是一定地域范围内社会、经济、文化活动的中心,是城市内外各部门、各要素有机结合的大系统;三是,城市一般聚居有较多的人口,在人口规模上区别于乡村;四是,城市有比乡村高得多的建筑密度,具有丰富的市政设施和公共设施,在景观上不同于乡村,在物质构成上不同于乡村。

第二节　城市与城乡统筹发展

一、城市的产生

1. 居民点的形成

早期人类的聚居地一般都选择在地形、气候等自然条件比较优越,自然资源比较丰富的地点。为了防御野兽的侵袭和其他部落的袭击,早期人类往往在原始居民点外围挖沟筑壕,或用土、木、石等材料修筑城墙及栅栏。这些沟墙是一种防御性构筑物,也是城池的雏形。

聚落通常是指固定的居民点,只有极少数是游动性的。聚落由各种建筑物、构筑物、道路、绿地、水源地等物质要素组成,规模越大,物质要素构成越复杂。聚落的建筑外貌因居住方式不同而异。此外,聚落具有不同的平面形态,它受经济、社会、历史、地理等诸多条件的制约。随着人类利用和改造自然的能力不断提高,人类活动的领域不断扩大,由热带、温带逐渐扩展至寒带,创造出各种形式的聚落环境,主要可分为城市聚落环境和乡村聚落环境。

2. 城市的形成——社会大分工的产物

在原始社会的早期阶段,人类使用木棒、石块等简陋的生产工具,在自然分工的基础上,从事采集、狩猎和捕鱼等活动,以满足基本生活需要。在长期的采集活动中,原始农业和原始畜牧业逐渐产生,畜牧业发展很快,使其在一些地区比农业更早地成为人类的重要生产方式。在某些草原地区,如中亚、西亚、南欧的部分地区,一些部落舍弃农业,专门从事畜牧业。这就出现了人类历史上的第一次社会大分工——畜牧业和农业分离。

第二次社会大分工是手工业和农业的分离。第一次社会大分工后,生产力得到了进一步发展,畜力在犁耕上的使用成为农业生产中的新动力,这使农业发展迈出了重要的一步,农产品越来越多,为人类提供了日常的、可靠的食物。农业的发展使得一部分人可以专门从事非农活动,进而促成了手工业与农业的分离,即第二次社会大分工。在此过程中,制陶、冶金、铸造等行业快速发展,技术进步带来了青铜器、铁器的广泛应用,手工业种类与技术水平均显著提升。

第三次社会大分工是商业的发展,它更加促进了商品经济的繁荣。商人首先在商品交换最为发达的地区出现。随着工商业的不断发展,逐渐产生了城市,城市和乡村的差异也逐渐显现。城市是工商业的中心,也是社会治理体系的中心,人们开始在城市修建宏伟的宫殿、宅邸、庙宇、祭坛,开展对艺术、科学的研究,财富越来越集中于城市。由此看来,城市是由社会剩余物资的交换和争夺而产生的,也是社会分工和产业分工的产物。

城市的产生,一直被认为是人类文明的象征,英语中"文明"(Civilization)一词,就来源于拉丁语的"市民的生活"(Civtas)。在人类利用和改造自然、创造自然文明的过程中,物质劳动和精神劳动最大的一次分工，就是城市和乡村的分离。因此，城市是社会经济发展到一定阶段的产物，更具体地说，是人类第三次社会大分工的产物。"城市"是在"城"与"市"功能叠加的基础上，以行政和商业活动为基本职能的复杂化、多样化的客观实体。

二、城市的基本特征

城市的基本特征主要有如下四个方面：

第一，城市的概念是相对存在的。城市与乡村是人类聚落的两种基本形式，两者是相辅相成、密不可分的。如今在一些人口密集、经济发达的地区，城乡之间已经越来越难以明显区分。

第二，城市是以要素聚集为基本特征的。城市不仅是人口聚居、建筑密集的区域，它同时也是生产、消费、交换的集中地。城市的集聚效应是其不断发展的根本动力，也是城市与乡村的一大本质区别。城市中各种资源的密集性，使其成为一定地域空间中经济、社会、文化的辐射中心。

第三，城市的发展是动态变化和多样的。从古代拥有明确的空间限定，到现代成为一种以经济和产业分工为主导的功能性地域，城市传统的功能、社会、文化、景观等方面都发生了重大转变。随着信息网络、交通、建筑等技术的发展，城市的未来形态和服务功能将持续进化。

第四，城市具有系统性。城市是一个综合的巨系统，它包括经济子系统、政治子系统、社会子系统、空间环境子系统以及要素流动子系统等。需要明确的是，城市生态系统不是独立的，它需要与乡村生态系统统一构成完整的区域生态系统。在组成城市系统的要素间存在着非常复杂的关系，它们互相交织重叠，共同发挥作用，并对人类的各种行为做出一定程度的响应。

三、城市与乡村的基本区别

根据聚落的基本职能、结构特点以及所处地域的不同，可以将聚落分为城市聚落和乡村聚落。城市和乡村作为两个相对的概念，存在一些基本的区别，主要体现在以下几个方面：

(1)集聚规模的差异。即空间要素的集中程度的差异。

(2)生产效率的差异。城市的经济活动是高效率的，而这种高效率不仅是源于人口、资源、生产工具和科学技术等要素的高度集中，更主要的是源于高度的组织化。因此可以说，城市的经济活动是一种社会化的生产、消费、交换的过程，它充分发挥了工商、交通、文化、军事和政治机能，属于高级生产或服务性质；相反，乡村经济活动还依附于土地等初级生产要素。

(3)生产力结构的差异。城市是以非农业人口为主的居民点，因而在职业构成上是不同于乡村的。

(4)职能差异。城市一般是工业、商业、交通、文教的集中地，是一定地域的政治、经济、文化的中心，在职能上有别于乡村。

(5)物质形态差异。城市具有比较健全的市政设施和公共设施，在物质空间形态上不同于乡村。

(6)文化观念差异。城市与乡村在文化内容、风俗习惯、思想观念等方面都存在差别。

四、城乡划分与建制体系

目前世界上对于城镇还没有统一的定义。各国各地区根据各自社会经济发展的特点,制定了不同的城镇定义标准。这些标准基本不会背离本书所讨论的城镇本质特征,不同的是有些国家的标准侧重于强调某一个特征,有些强调几个特征;有些有明确的数量指标,有些只有定性指标。

1. 城乡界线划分面临的现实难题

要真正在城市和乡村之间划出一条有严格科学意义的界线绝非易事。原因在于,首先,从城市到乡村的过渡是渐变的或是交错的,这中间并不存在一个乡村与城市的明显分界点,人们在城乡过渡带或城乡交接带划出的城乡界线必然带有一定的主观性。其次,城市本身是一定历史阶段的产物,城市的概念在不同的历史条件下不断发生着变化。世界各国大多处在不同的发展阶段,甚至一个国家的不同地区所处的发展阶段也不尽相同,这也给城乡划分带来困难。最后,城市,尤其是大城市,与周围地区的联系在空间上日趋密切,在内容上日益复杂,这又为城乡分界线的划分增加了难度。

2. 我国的城市建制体系

在新中国成立后,城镇的设置标准经历了较大的变化。1955年我国出台的第一个确定的城镇标准,是采用居民点的人口下限数量和职业构成两个要素相结合的办法加以制定的。该标准规定:常住人口2000以上、居民50%以上为非农业人口的居民区即为城镇。由于1960年前后城镇人口增长过快,1963年底,国务院将设镇的下限标准提高到居住人口3000以上、非农业人口占比70%以上,或居住人口达2500~3000、非农业人口占比85%以上。1984年,我国规定居住人口在20000以下的乡,如乡政府所在地的居民点非农业人口和自理口粮常住人口在2000以上可以设镇;常住人口20000以上的乡,如乡政府所在地的非农业人口和自理口粮常住人口超过总人口的10%也可以设镇。

其他国家对城镇的部分典型界定如下:肯尼亚规定人口在2000以上的居民点即为镇;埃及规定省和地区的首府为城镇;印度规定居民人口在5000以上、人口密度不低于390人/km²、75%成年男子从事非农业活动,并有明显城镇特征的居民点可被定义为城镇。

中国的市镇设置主要基于两个方面的标准:一是聚集人口规模,二是城镇的政治经济地位。城镇的政治经济地位往往是市镇设置中的重要考虑内容,这在首都、直辖市、省会城市等的设立中最为典型。此外,我国对市镇的设置标准还有经济、社会等方面一系列指标的要求。

2014年,《国务院关于调整城市规模划分标准的通知》发布,以城区常住人口为统计口径,将城市划分为五类七档。城区常住人口50万以下的城市为小城市,其中20万以上50万以下的城市为Ⅰ型小城市,20万以下的城市为Ⅱ型小城市;城区常住人口50万以上100万以下的城市为中等城市;城区常住人口100万以上500万以下的城市为大城市,其中300万以上500万以下的城市为Ⅰ型大城市,100万以上300万以下的城市为Ⅱ型大城市;城区常住人口500万以上1000万以下的城市为特大城市;城区常住人口1000万以上的城市为超大城市(以上包括本数,以下不包括本数)(表1-1)。

《国务院关于调整城市规模划分标准的通知》中的相关规定　　　表1-1

划分标准	共同点	不同点		
		空间口径	人口口径	分级标准
新标准（2014年）	对城市的界定一致。包括设区城市和不设区城市（县级市）。设区城市由所有市辖区行政范围构成，县级市即由自身行政范围构成	城区是指在市辖区和不设区的市、区、市政府驻地的实际建设连接到的居民委员会所辖区域和其他区域	常住人口包括：居住在本乡镇街道，且户口在本乡镇街道或户口待定的人；居住在本乡镇街道，且离开户口登记地所在的乡镇街道半年以上的人；户口在本乡镇街道，且外出不满半年或在境外工作学习的人	五类七档：≥1000万（超大城市）；500万~1000万（特大城市）；300万~500万（Ⅰ型大城市）；100万~300万（Ⅱ型大城市）；50万~100万（中等城市）；20万~50万（Ⅰ型小城市）；<20万（Ⅱ型小城市）
旧标准（2014以前）		市区，即全部城市行政范围	市区非农业（户籍）人口，即市区内具有非农业户籍的户籍人口	四级：≥100万（特大城市）；50万~100万（大城市）；20万~50万（中等城市）；<20万（小城市）

我国的城市建制，是指国家对城市行政级别的划分、设立、变更和管理的规定，它涉及城市的行政地位、管辖范围、职能配置等多个方面。中国市制有两个基本特点：第一，市制由多层次的建制构成。从地域类型上划分，包括了直辖市、省（自治区）辖设区市、不设区市（或自治州辖市）三个层次；从行政等级上划分，包括了省级、副省级、地级、县级四个等级。第二，市制兼具城市管理和区域管理的双重性，既有自己的直属地盘——市区，又管辖下级政区。《中华人民共和国宪法》对国家行政区划的基本原则进行了规定，为城市建制提供了宪法层面的法律基础；而《中华人民共和国地方各级人民代表大会和地方各级人民政府组织法》详细规定了地方各级人民代表大会和人民政府的组织、职权等，明确了直辖市、地级市、县级市等不同级别城市政府的构成和职责。

五、城乡统筹发展

2003年，党的十六届三中全会通过了《中共中央关于完善社会主义市场经济体制若干问题的决定》，其中提出了"五个统筹"的要求，其具体内容是"统筹城乡发展、统筹区域发展、统筹经济社会发展、统筹人与自然和谐发展、统筹国内发展和对外开放"。党的十六大提出的"城乡统筹"的要求，实际上包括经济和社会发展两大方面，统筹城乡经济社会发展的根本目标是扭转城乡二元结构、解决"三农"难题、推动城乡经济社会协调发展；统筹城乡经济社会发展的主体应该是政府；统筹城乡经济社会发展的重点是对农村社会政治、经济、文化等各领域进行战略性调整和深层次改革。

城乡统筹发展是在中国特定的社会经济发展阶段提出的重大战略。随着改革开放的深入和市场经济体制的不断完善，中国经历了快速的工业化和城市化进程，但也逐渐显现出城乡发展不平衡、不协调的问题。农村地区在经济发展、基础设施建设、公共服务供给等方面与城市存在较大差距，同城市经济共同形成了较为明显的城乡二元结构。面对这一系列挑战，党的十六大以来,中央明确提出统筹城乡经济社会发展,将其作为解决"三农"问题、全面建设小康社会的关键举措。进入新时代,随着国家发展战略的调整和经济社会发展新阶段到来,城乡统筹发展被赋予了新的内涵和要求,成为实施乡村振兴战略、促进共同富裕的重要途径。

城乡统筹发展的主要内容涉及多个方面,旨在从根本上打破城乡分割的二元结构,促进城乡一体化发展,主要内容包括以下三个方面。

(1) 统筹城乡规划建设。为破解城乡分割现状,需将城乡经济社会发展规划融入国家宏观战略,通过统一规划促进协调发展,实现城乡互动共荣。这要求新的城乡规划顺应时代发展脉络,整合规划蓝图,指导城镇化进程有序推进与农民合理流动。核心举措涵盖产业与用地的统筹规划:科学布局产业以驱动经济均衡增长,合理调配土地资源以平衡建设、居住、农业及生态需求;以及开展基础设施的协同建设规划,织密基础设施网络,着重加大对农村资金与资源的倾斜,加速交通、能源、通信等关键领域建设,缩小城乡硬件差距。同时,侧重社会共享型基础设施的优先发展,拓宽其服务范畴与受众,确保农村居民同样能享受到现代城市设施带来的便利与福祉。

(2) 统筹城乡产业发展。通过工业化进程的推进强化城市化的根基,并借由城市化的深化反哺工业化,加速二者并进的步伐,引导农村劳动力顺利向第二、第三产业转型就业,同时促进农村人口向城镇集聚,形成新型城乡发展格局。构建城市引领乡村、工业反哺农业的协同发展机制,加速现代农业体系与美丽乡村建设,推动乡村工业企业向城镇产业园区集聚,优化人口布局与土地资源配置,鼓励土地利用向产业规模化经营倾斜,确保城市基础设施和服务网络向农村有效延伸,实现社会服务均等化,让城市文明的光芒照亮农村,全面提升农村经济社会的发展层次与质量。

(3) 统筹城乡社会事业均衡发展。突破城乡二元结构,需纠正体制和政策偏差,消除历史遗留影响,保障农民权益,建立城乡一体化的就业、户籍、教育、土地和社保制度,确保农村居民享有平等机会、完整财产权和自由发展空间。遵循社会与市场发展规律,促进资源优化配置和要素自由流动。具体措施包括:提升农村教育、医疗、文化水平,缩小城乡公共服务差距,实现基本公共服务均等化。

城乡统筹发展是应对中国社会发展特定阶段挑战、促进国家全面进步的关键战略,其现实意义在于构建一种更加均衡、包容、可持续的发展模式。这一战略的深入实施,不仅能够有效缩小城乡间经济、社会、基础设施及公共服务的差距,促进资源在更广阔空间内的优化配置,还能够激活农村经济潜力,拓展国内需求,为经济持续健康发展注入新活力。城乡统筹发展不仅是解决当前城乡二元结构问题的迫切需要,更是增强国家综合竞争力、适应全球发展趋势、实现中华民族伟大复兴的长远考量。

第三节 区域与城市发展

任何一个城市的发展都离不开一定的区域背景,这是其形成的条件和发展的基础。城市作为人类各种活动的集聚场所,通过人流、物流、资金流、信息流等与外围区域发生多重联系,对外围地域产生吸引和辐射,从而成为区域经济社会活动的核心。反之,区域则通过提供农产品、劳动力、商品市场、土地资源等成为城市发展的依托。因此,城市与区域相互依存,城市是区域的核心,区域是城市的基础。

一、城市在区域发展中的作用

城市在国家或地区一定地域范围的发展中承担和发挥着不可替代的任务和作用,即城市职能。城市作为区域经济活动的集中场所,是区域发展的关键所在。

城市经济基础理论认为,城市通过基本经济部类发展,带动非基本经济部类发展,从而引起"乘数效应",实现对区域发展的带动。城市发展的内在动力主要来自输出活动(基本活动部分)的发展,由于该活动的建立和发展,城市从输出产品和劳务中获得的收入增加,从而促进了本城市居民的正常生产和生活服务(非基本活动)部分就业岗位的增加和收入的增加。城市基本活动部分的每一次投资、收入和职工的增加,最后在城市中所产生连锁反应的结果总是数倍于原来的投资、收入和职工的增加。

城市的职能一般包括社会政治职能、经济职能和文化职能。

(1)社会政治职能又称为行政管理职能,城市是各种政治和管理机构的集中地,承担着区域政治中心的作用。尽管有的国家政治中心城市规模非常小,但依然无碍于其作为国家政治活动的指挥中枢。

(2)经济职能是指城市内部的经济活动状况及其在区域中的经济地位和作用。城市以第二、三产业为主进行集聚性经济活动,企业之间的分工协作和集聚、区域商贸流通明显高于城市以外的区域。城市通常是区域生产力最高水平的代表,尤其在组织社会经济、创新、信息交流等方面发挥着巨大作用,从城市中发展起来的先进技术和商业产品,能够彻底改变整个区域经济结构,特别是传统农村经济,因此,城市对整个社会的发展起主导和推动作用。

(3)城市文化职能体现为城市的文化软实力和文化影响力。城市本身就是承载人类文明的容器,长久以来,城市记载了不同地域、民族的文化历史,积累了丰富多样的历史文化遗产。当代社会中,一方面随着政府不断推进文化事业、产业发展,城市独特的历史文化资源得到良好保护与宣传;另一方面,高等院校、图书馆、博物馆、体育馆、文化馆等各类文化设施的持续建设使得城市成为文化的集中载体,对区域的科学、教育、文化传统、生活方式、价值观念等产生重要影响。

城市多个职能的有机组合构成了城市的职能体系。每一个城市都可以凭借其中的某一项或若干项职能在不同的区域范围内发挥其中心作用,但是作为一个区域的中心城市,必须对整个区域的发展有很大影响,能在多种职能(尤其是经济职能)方面发挥综合引领作用。

二、区域条件对城市发展的影响

城市是区域发展到一定阶段的产物。城市的产生和发展取决于区域自然地理和自然资源、区域经济地理、地理位置等基础条件。

1. 区域自然地理和自然资源

一个区域的地质、地形地貌、气候、水文、土壤、植被等自然地理条件,通过影响人口的生存环境和人口的空间分布进而影响城市的形成和发展。一般而言,自然条件越有利于人类的生存和聚集,城市产生和发展的自然基础就越优越,城市发展的规模就越容易扩大。例如,人类早期城市的产生都是在中纬度地区的河谷平原地带。直到现在,尽管城市的分布范围已非常广泛,但世界上的大城市主要还是集中分布在气温适中、降水适度的中纬度地区。同样,自然条件也影响了城市的特色,正如美国著名城市史学家刘易斯·芒福德所说:"每一个城市都受到自然环境的影响,自然的影响愈多样化,城市的整体特征就愈复杂,愈有个性。"如山区城市受地貌和水文条件影响,其空间布局与平原城市有明显区别,如兰州市沿黄河狭长谷地呈带状发展,重庆市被山体和丘陵分割而形成组团布局结构。

自然资源是自然界中可以被利用的自然物资和自然能量,一般包括矿产、土地、水、生物等。一个地区自然资源的种类、数量和质量以及开采条件是影响城市形成和发展的重要因素。如城市的发展离不开水资源,生产、生活用水不足,会影响城市的正常运行,区域内的水资源富集程度是决定城市发展规模的重要因素。目前,水资源已成为我国北方城市规模扩大的严重制约因素。对一个区域内某些特定资源的大量需求和大规模开采,可导致城市,特别是资源开采与加工型城市的形成和发展。如20世纪50年代,我国在石油开采和加工活动的基础上形成了大庆、克拉玛依等专业化的石油工业城市。我国铁矿资源分布的特点决定了辽宁鞍山和本溪、四川攀枝花等成为我国重要的钢铁工业城市。

2. 区域经济地理基础

城市形成和发展的区域经济地理基础是城市发展中人类活动必须依托的经济要素,这些经济要素,有的是自然条件的衍生转化,如矿产、淡水、动植物资源的丰饶程度及其组合;有的是区域经济发展的历史积淀,如城市和区域基础设施状况、区域劳动力的数量和质量等经济发展的历史传统和现状特征;有的是城市未来发展的可能性,如自然资源的潜力、国家和地区的政策倾向等。区域的经济地理基础一方面通过影响区域对城市发展的投入而影响城市的发展能力,另一方面又基于城市在经济发展上产生的新需求影响城市经济发展及行政服务开展的条件和能力。

一个由若干城市及其周围地区组成的区域是复杂的巨系统。城市发展所需要的各种经济要素,都不可能完全在城市内部产生,城市的生产和生活所产生的成果和代谢产物也不可能靠城市本身完全消耗、分解或转化,城市的发展必须建立在区域社会经济发展全面开放的基础上,并以区域为主要依托。为了保证城市正常的生产和生活,城市必须与所在区域保持密切的物质、能量交换,既从区域中获得各种各样的物质资料和生产要素,也为区域提供各种各样的产品和服务。城市所在区域的经济基础条件越好,城市发展得到的各类经济要素越多,就越能促进城市的生产并推动其提供更多的产品和服务。因此,区域经济地理基础也是城市发展的根本动力,要确定城市的发展方向和在更大区域范围内地域劳动分工中的地位和作用,必须深入分析影响城市发展的各种区域因素,进行区域经济地理基础条件的评价以及区域经济结构和区域经济联系的分析。总之,城市生存于区域之中,与区域的经济和社会活动、自然环境有着复杂多样的联系,区域发展和环境变迁在很大程度上决定了城市发展的轨迹。

3. 区域地理位置对城市发展的影响

地理位置指地表上某一事物与其周围客观事物间的空间关系,这种空间关系由方向和距离这两个基本要素组成。城市或区域与山脉、平原、江河、海洋等的空间关系描述了城市或区域的自然地理位置,与交通线、产业区、港口及其他城市或区域的空间关系描述了城市或区域的经济地理位置。地理位置对城市与区域的自然、社会经济等各个领域都有着广泛的影响,在一定历史条件下,地理位置是城市形成和发展的决定性因素。优越的地理位置有利于城市的人口集聚,促进城市繁荣,有利于扩大城市规模和完善城市职能。而不好的地理位置则可能会对城市发展起相反作用。

地理位置的历史演变是导致城市迁移和兴衰的重要因素。地理环境的变化引起地理位置的变化,如沙漠扩张、海岸升降、河流改道、洪水淹没、港口淤塞等自然现象都会引起自然地理位置的变更。交通技术的改进、交通网扩展、行政区变更,会引起经济地理位置的变更。铁路这一先进交通方式在近代的出现,改变了我国陆路交通向来以驿道为主要交通线路和以车、马为主要交通工具的运输状况,对我国城市的兴起和发展产生了很大的影响。铁路在我国的大范围修建推动形成了郑州、徐州、石家庄、蚌埠等一批铁路枢纽城市。位于古代中国南北主要交通线大运河沿岸的城市淮阴(现淮安),在隋唐时期是我国经济繁荣的"淮、扬、苏、杭"四大城市之一。近代先进、廉价的海轮运输的出现,以及1911年津浦铁路的通车给内河水路运输带来了激烈的市场竞争,抢占了大量市场份额,大运河的运输量因此而大量减少,作为运河沿线重要城市的淮阴自然失去了它原有的经济地位,城市地位一落千丈,商业衰退,人口减少,成为相对落后的城市。

对城市在区域内的分工和布局产生重大影响的地理位置概念有中心位置和门户位置。在相对封闭的区域,中心位置起主导作用;在开放的区域,门户位置则起重要的作用。中心位置和门户位置常常发生历史变迁,交通条件改变是发生变迁的主要原因。如广西在封建社会时期,其主要联络方向是经湖南向中原,桂林是该方向上的首要门户,经济和文化发展比较繁荣。在经历了五口通商和广州开埠事件后,西江成为广西出海的主要通道,梧州便成为广西第一门户。改革开放后,北海被确定为我国14个沿海开放城市之一,钦州港和防城港两港相继得到开发,北部湾上的北海港、钦州港和防城港三港成为广西走向世界的大门。

三、城市群与都市圈

1. 城市群的概念

城市群,即在特定的地域范围内具有相当数量的不同性质、类型和等级规模的城市,依托一定的自然环境条件,以一个或两个特大或者超大城市作为地区经济的核心,借助于现代化的交通工具和综合运输网的通达性以及高度发达的信息网络,发生与发展着城市个体之间的内在联系,共同构成的一个相对完整的"集合体"。

城市群是新型城镇化的主体形态,是支撑全国经济增长、促进区域协调发展、参与国际竞争合作的重要平台。我国目前布局了19个国家级城市群,包括京津冀城市群、长三角城市群、粤港澳大湾区城市群、成渝城市群、长江中游城市群等。

2. 都市圈的概念

根据《国家发展改革委关于培育发展现代化都市圈的指导意见》,都市圈是城市群内部以超大、特大城市或辐射带动功能强的大城市为中心,以1h通勤圈为基本范围的城镇化空间形态。

辐射带动功能强的大城市,通常指Ⅰ型大城市(中心城区人口300万~500万),或辐射带动功能强的Ⅱ型大城市(中心城区人口100万以上300万以下),所以,都市圈的中心城区人口通常在100万以上。

截至2024年3月,我国已批复14个国家级都市圈发展规划,包括南京、福州、成都、长株潭、西安、重庆、武汉、杭州、沈阳、郑州、广州、深圳、青岛、济南。

3. 城市群和都市圈的区别

城市群和都市圈是两个不同的概念。根据《国家发展改革委关于培育发展现代化都市圈的指导意见》对都市圈的定义，都市圈可以理解为以某一个城市（即超大或特大城市）为中心的城镇化形态。而城市群是由若干个都市圈构成的广域城镇化形态，其内部应该包含若干个中心城市。在体量和层级上，都市圈要低于城市群。

都市圈（区）内部特大城市保持多方面发展的绝对领先地位，周边其他城市则具有更强的依赖性；而一般的城市群内部不同城市具有各自的功能分工，保持相互间的影响和联系，呈现出相对的独立性。

4. 通勤圈的概念

日本对于中心区通勤范围的定义标准是：若大都市或都市圈内某一区域至中心区的通勤量与该区域通勤总量间的比例不低于5%，即认为该区域位于中心区的通勤范围。

在都市圈快速发展的背景下，大城市面临的人口与交通问题日益严峻，尤其是通勤时间的长短直接关乎城市居民的生活质量与城市运行的效率。"门到门"通勤时间，作为一个衡量居民从居住地到工作地点整个旅程耗时的指标，其重要性不容小觑。它不仅仅是个人日常生活舒适程度的一个体现，更是城市规划结果、交通系统效率乃至经济发展水平的直观反映。

日本的经验为我们提供了有益的参考。日本在定义都市圈内通勤范围时，采用了具体的量化标准——当某一区域至中心区的通勤量占该区域通勤总量的5%以上时，即可将该区域视作处于中心区通勤范围内。这一规定不仅明确了都市圈内部的功能分区，也为交通规划和资源配置提供了依据。1998年，东京都市圈基家通勤门到门单程平均耗时为43min，到2008年，这一指标虽微增至46min，但其反映日本的都市圈通勤仍保持较高效率，且仅32%的通勤者需耗时超过60min，这在面临显著职住分离挑战的大城市中显得尤为难得。东京都市圈的成功案例显示，优化公共交通系统，特别是加强轨道交通的覆盖性与便捷性，是缩短通勤时间，提升城市生活质量的有效途径。此外，合理规划城市空间布局，减少职住分离现象，也是减轻通勤负担、促进城乡统筹发展的重要策略。

相比之下，尽管我国尚未正式确立通勤圈的明确定义，但在城市规划、城市管理等相关领域，"门到门"通勤时间的重要性已被广泛认知。

第四节 城市发展阶段

城市发展阶段按社会经济发展阶段可划分为农业社会城市、工业社会城市及后工业社会城市。

一、农业社会城市

在农业社会历史中，尽管出现过少数相当繁荣的城市（如我国唐代长安城、北宋开封、西方的古罗马城），并在城市和建筑方面留下了十分宝贵的人类文化遗产，但农业社会的生产力仍相对低下,对于农业的依赖性决定了农业社会的城市数量、规模及职能都是极其有限的,城市没有扮演经济中心的角色,城市内手工业和商业不占主导地位,城市主要是政治、军事或宗教中心(图1-1)。农业社会时期的城市受制于生产力低、运输局限、防御需要、人口流动性差、经济单一等因素,空间发展规模大大受限。农业社会的后期,部分欧洲城市孕育了资本主义;文艺复兴和启蒙运动的发生,使得西方市民社会初现雏形,为日后技术革新中的城市快速发展奠定了思想领域的基础。

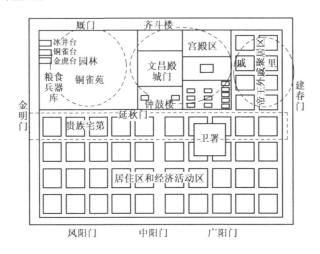

图1-1 曹魏邺城布局图

二、工业社会城市

18世纪后期开始的工业革命从根本上改变了人类社会与经济发展的状态。工业化带来生产力的空前发展及生产技术的巨大变革,致使原有城市空间与职能重组,同时促进了大量新兴工业城市的形成,城市逐渐成为人类社会的主要空间形态与经济发展的主要空间载体。蒸汽机的发明和交通工具的革命性发展以及工业生产本身的扩张趋势,加速了人口和经济要素向城市聚集,使城市规模扩张、数量猛增,引领了世界性的城镇化浪潮,城市真正成为国家和地区的经济发展中心。但同时,工业文明也造成了环境污染、能源短缺、交通拥堵、生态失衡等诸多城市问题。

三、后工业社会城市

概括而言,后工业社会的生产力以科技为主体,以高新技术(如信息网络、快速交通等)为生产与生活的支撑,文化趋于多元化。城市的主体功能由生产功能转向服务功能,城市承担的制造业功能明显被削弱,服务业的经济地位逐渐上升。高速公路、高速铁路、航空运输等现代化运输方式大大削弱了空间距离对人口和经济要素流动的阻碍。然而,随之而来的环境危机也日益严重,城市的建设思想也由此将对生态环境的保护纳入重点考虑的范围,人类价值观念发生了重要变化,社会发展阶段向"生态时代"迈进。由于经济侧重点向服务业的转型促进了空间结构的重新配置,加之科技进步和交通网络的快速发展,人们能够更自由地选择居住地,人口分布郊区化趋势和卫星城的建设开始兴起,这有效缓解了超大城市的过度拥挤问题。此外,居民对生活质量的更高追求以及对具有特色和良好生活环境的中小城市的偏好,进一步推动了多元化城市格局的形成,让超大城市、卫星城与各具特色的中小城市并存共荣,使它们共同塑造了丰富多彩的后工业时代城市面貌。后工业社会的种种因素导致了人们对未来城市发展形态及空间基础产生了多样化的理解,也为城市研究、城市规划设计提供了一个无比广阔的遐想空间(图1-2、表1-2)。

图1-2 互联网技术主导的后工业社会

城市发展阶段差异 表1-2

差异	农业社会城市	工业社会城市	后工业社会城市
主导产业	农业	工业	服务业
职能	政治、军事或宗教中心	经济发展中心	服务中心
规模	有限	扩张蔓延	多元化
发展阶段	农业时代	工业时代	生态时代

第五节 城镇化及其演化

一、城镇化的含义

对于城镇化这一概念最简单的解释就是农业人口和农用土地向非农业人口和城市用地转化的现象及过程。具体包括以下几个方面:

(1)劳动人口结构的转变。即农业(第一产业)人口向非农业(第二、第三产业)大量转化,表现为农业人口不断减少,非农业人口不断增加。

(2)产业结构的转变。工业革命后,工业产业不断发展,第二、第三产业产值的比重不断提高,第一产业产值的比重相对下降,工业化的发展也带来农业生产的现代化,农业生产效率在此过程中也得到了进一步提升。

(3)土地及地域空间的变化。具体表现为农业用地转化为非农业用地,由比较分散、低密度的居住形式转变为较集中成片的、密度较高的居住形式,从与自然环境接近的空间转变为以人工环境为主的空间形态。城市拥有比较集中的用地和较高的人口密度,便于建设较完备的基础设施,包括铺装的路面、上下水道及其他公用设施。除此之外,城市还能够提供更多元化的文化、教育、医疗和娱乐设施,以及更便捷的交通网络,与农村地区相比,在生活质量上展现出显著的优势。

城镇化也可以称为城市化,因为城市与镇均是城市型的居民点,产业结构上均以第二、第三产业为主,两种提法的区别仅是文字使用的习惯或所表述的演变规模的不同。

二、城镇化水平度量指标

由于城镇化是非常复杂的社会现象,所以对城镇化水平的度量难度也很大。目前能被普遍接受的城镇化水平度量指标体现在对于人口的统计上,也就是城镇人口占总人口的比重,它的实质是反映人口在城乡之间的空间分布,具有很强的实用性。计算公式为:

$$PU = \frac{U}{P} \tag{1-1}$$

式中:PU——城镇化水平;

　　U——城镇人口;

　　P——总人口。

不同国家对城镇人口统计标准的设定不同,导致互相之间往往缺乏可比性。同时,单纯用人口统计指标去衡量城镇化水平,也不能完全代表一个国家或地区的经济、社会发展水平。

三、城镇化进程的表现特征

1. 基本特征

(1)城镇化的一个具体体现是城市人口占总人口的比重不断上升。

(2)城镇化是产业结构转变的过程。随着城镇化进程的推进,原来从事传统低效生产的第一产业劳动力转向从事现代高效的第二、三产业工作,产业结构逐步升级转换,国家和区域创造财富的能力不断提高(表1-3)。

国际产业结构变化(1960—2004年)　　　　　　　表1-3

类型	各产业占国内生产总值(GDP)百分比(%)								
	1960年			1995年			2004年		
	第一产业	第二产业	第三产业	第一产业	第二产业	第三产业	第一产业	第二产业	第三产业
低收入经济	50	17	33	25	38	35	23	25	52
中等收入经济	22	32	46	11	35	52	10	34	56
高收入经济	6	40	54	2	32	66	6	24	70

注:资料来源于《城市规划原理(第3版)》,李德华主编。

目前,总的发展趋势为:农业产业产值在GDP中所占比重持续下降的趋势不可逆转,工业产值占比经历了一段上升时期后呈停滞和下降趋势,第三产业产值占比不断增加。但是,不同性质城市的第二、三产业产值比重的发展趋势也不尽相同。虽然不同年份报告对高收入经济有不同的界定,但对反映长期趋势的影响不大。从表1-3中所反映的产业结构变化的总体趋势看,第一产业产值占GDP的比重逐渐下降,第三产业产值所占比重则趋于上升。根据世界银行公开统计数据,截至2018年,全世界农业增加值占国内生产总值比重仅3%,工业增加值占国内生产总值比重降至27.8%,而服务业增加值占国内生产总值比重上升为61.2%。

(3)城镇化水平与人均GDP的增长成正比(表1-4)。

城镇化与人均GDP的发展　　　　　　　　　　　　　　　　表1-4

国家类别	1980年人均GDP(加权平均)(美元)	城镇化水平(%)
33个低收入国家	260	17
63个中等收入国家	1400	45
19个发达国家	10320	78

注:资料来源于《城市规划原理(第3版)》,李德华主编。

(4)第二、三产业发展的同时,农业现代化导致农业剩余劳动力成为城镇化发展的推动力之一。城镇化水平的提高,不仅是建立在第二、三产业发展的基础上,也是农业现代化的结果。

2. 城镇化基本动力机制

(1)初始动力——农业发展。农业生产力的发展及农业剩余劳动力的贡献是城市兴起和发展的前提。城市首先在农业发达地区兴起,农业劳动力的剩余刺激了劳动人口结构的分化,部分剩余农业劳动人口转向从事第二、三产业工作,支持了城市的进一步发展。

(2)根本动力——工业化。城镇化进程是随着生产力水平的发展而演进的。工业化的集聚要求促成了资本、人力、资源和技术等生产要素在有限空间上的紧密组合,从而促进了城市的形成和发展,城镇化的进程也随之启动。

(3)后续动力——第三产业发展。随着城市规模扩大和产业能级提升,人类对于生产配套性服务和生活消费性服务的要求不断提高,从而带动更多人力、财富、信息向城市聚集,带动城镇化质和量的提升。

综上所述,城镇化的诸多动力机制可归纳为两大基本力量,即以农业发展为代表的农村"推力"和以工业化与服务业为代表的城市"拉力"。

3. 城镇化类型

(1)集中型城镇化。是农村人口和非农经济活动不断向城市集中的城镇化模式。

(2)离心型城镇化。是城市的经济活动和人口向城郊或农村地区扩散,城市职能或生产、生活范围逐渐向外延伸的一种城镇化模式。

离心型城镇化又分为以下三种类型:

①外延型(或连续型)。指城市的扩张,包括城市规模的扩大及城市人口的增加,是一个极化效应不断累加的过程。城市离心扩展出的区域一直与建成区保持接壤,连续渐次地向外推进,一些城市带、城市群的形成便符合这样一种过程。

②飞地型(或跳跃型)。指在城镇化进程中,空间上与建成区断开,职能上与中心城市保持联系的城市扩展方式,比如卫星城的形成。

③就地型。指农民就地脱离农业生产转而从事非农业生产。这是目前新型城镇化建设鼓励推行的一种城镇化模式。

四、世界城镇化的历史过程与趋势

1. 诺瑟姆曲线

第一次工业革命后,出现了现代化的工厂化大生产,资本和人口在城市集聚,城市的用地规模扩大,把周围的农田变成了城市用地,村镇发展成为城市,小城市发展成为大城市。

城镇化的发展历程可以用S形曲线表示。1979年,美国城市地理学家诺瑟姆(Ray Northam)发现并提出了该曲线,因此又称之为"诺瑟姆曲线"(图1-3)。

诺瑟姆在总结欧美城镇化发展历程的基础上,把城镇化的轨迹概括为被稍加拉平的S形曲线,并将城镇化划分为起步、加速和稳定三个阶段。

(1)起步阶段:生产力水平尚低,城镇化的速度较缓慢,需要经过较长时期才能达到城镇人口占总人口30%左右的状态。

(2)加速阶段:当城镇化水平超过30%时,进入快速提升阶段。由于经济实力明显增长,城镇化速度加快,在不长的时期内,城镇人口占总人口的比例就可以达到60%或以上。

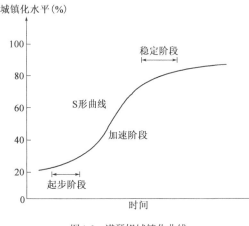

图1-3 诺瑟姆城镇化曲线

(3)稳定阶段:农业现代化已基本完成,农村的剩余劳动力已基本上转化为城镇人口。随着城市中工业的发展和技术的进步,一部分工业劳动人口又转向从事第三产业工作。

2. 城镇化的时间阶段

按照时间先后顺序,世界上部分城市的城镇化进程可分为四个基本阶段:

(1)集聚城镇化阶段。主要指乡村要素单向向城市集中。

(2)郊区化阶段。随着城市环境的恶化、人民收入水平差距的加大以及城乡间通勤条件的改善,城市中部分具有中上收入水平的群体开始移居到市郊或城市外围地带。该阶段的显著特点是住宅、商业服务部门、相关事务部门以及大量就业岗位相继向城市郊区迁移。

(3)逆城镇化阶段。随着汽车等交通工具的普及和郊区化阶段的进一步演进,一些大都市区人口外迁出现了新的动向,不仅中心市区人口继续外迁,已经向外迁出的人口也向更远的外围区域迁移,出现了大都市区人口负增长的局面。

(4)再城镇化阶段。面对城市中大量人口和产业外迁导致的经济衰退、人口贫困、社会萧条等问题,经历了逆城镇化阶段的城市开始积极调整产业结构,发展高科技产业和第三产业,积极开发市中心衰落区,努力改善城市环境和提升城市功能,以吸引一部分人口从郊区回流到城市中心。

3. 世界城镇化的趋势

根据联合国经济和社会理事会《世界城镇化展望(2018修订版)》的统计和预测数据,1950年世界城镇化水平只有30%,2018年上升至55%,城市人口数量已超过农村地区人口数量,根据预测,到2050年,全球68%的人口将居住在城市。

具体可将世界城镇化的趋势总结为如下几个方面:

(1)城市在国民经济中的地位越来越重要。

人类社会经济活动的空间分布结构已经进入了以城市为主的新阶段。据预测,至2050年,全球总人口数将增长至97.7亿,其中,城市总人口数将增长至66.8亿,而全球农村地区人口总数将在2018—2030年间呈负增长(表1-5)。

1950—2050年选定年份和时期的城市和农村人口总数和年平均变化 表1-5

	人口(十亿)						年平均变化率(%)				
	1950	1970	1990	2018	2030	2050	1950—1970	1970—1990	1990—2018	2018—2030	2030—2050
全球人口总数	2.54	3.70	5.33	7.63	8.55	9.77	1.89	1.83	1.28	0.95	0.67
全球城市人口总数	0.75	1.35	2.29	4.22	5.17	6.68	2.95	2.63	2.18	1.69	1.28
全球乡村人口总数	1.79	2.35	3.04	3.41	3.38	3.09	1.37	1.30	0.41	-0.07	-0.45

(2)发展中国家城镇化速度普遍快于发达国家。

发达国家城镇化率接近饱和,未来发生较大起伏的可能性不大。从较长时期看,发达国家城市人口的绝对规模将随着人口负增长而出现下降趋势。发展中国家的城镇化步伐将明显加快,城市人口的绝对规模也将增长。

(3)大都市区扮演重要角色。

在现有技术和产业条件下,发达国家一些大都市区的扩展可能触及上限,而发展中国家将出现一批新的大都市群。根据联合国相关统计数据,2018年,世界上近一半的城市居民居住在人口规模少于50万的城市,而大约八分之一的居民居住在33个超大城市(人口规模超过1000万)。在部分地区,城乡分界甚至日渐模糊,城市地域连成一片,世界大都市带正在形成。

(4)城市功能由生产型向人本型转变。

随着城市产业结构的不断升级,城镇物质财富的不断积累,城市居民的生活也从对于温饱的追求转向对自身全面发展的追求以及对所在城市家园归属感的追寻。因此城市功能的发展目标不仅是生产功能的实现,而更重要的是从更高层次上努力改善城市环境,丰富城市文化,提高城市生活质量,把人的幸福感作为出发点和归宿,保障人的生活、经济、社会、生态和环境的安全。人本型城市的兴起,必将推动智慧城市、文化城市、生态城市等新型城市的出现和普及。

(5)世界城市网络主宰全球经济。

随着经济全球化的发展和新国际劳动地域分工体系的逐步形成以及跨国公司业务在全球的普遍开展,若干全球信息中心城市发展成为国际性城市甚至世界城市(全球城市),成为全球经济的主导者。根据佛罗里达(Richard Florida)等的研究,在全球40个"巨型区域"中生活着1/5的世界人口,制造了全球2/3的经济产出和超过85%的创新成果。这些城市作为跨国公司总部、国际金融中心和高科技孵化器的汇聚地,利用先进的基础设施和开放的政策环境,驱动全球资本、信息及人才的高速流通,形成一个复杂的资源配置与价值创造体系。上海、北京、深圳等中国城市在这一网络中迅速崛起,不仅成为国家经济增长的引擎,也通过开放和建设自由贸易区、高新技术园区等策略,促进区域发展并影响全球经济版图。

五、中国的城镇化道路

城镇化是社会经济发展的结果,是历史的必然趋势。中国的城镇化进程起步比西方国家晚,在19世纪后半期开始,初始发展速度很慢且不平衡,东南沿海城市发展较快,而内地大部分地区仍为农业型社会。新中国成立后,城镇化速度加快,但是与同时期一些国家相比仍较慢,至1990年还处在初期阶段。我国1990年、2000年、2010年的第四次、第五次和第六次人口普查结果显示,这三年我国的城镇化水平分别为26.44%、36.22%和49.68%,而2021年发布的第七次全国人口普查结果显示,城镇人口占全国人口总数的比例达到了63.89%,户籍人口城镇化率提高到了45.4%(图1-4)。

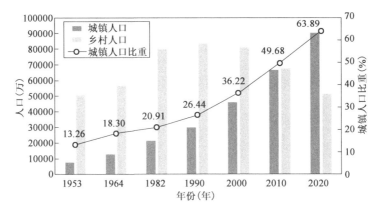

图1-4 我国城镇化发展状况

《国家新型城镇化规划(2014—2020年)》指出,城镇化是现代化的必由之路,是保持经济持续健康发展的强大引擎,是加快产业结构转型升级的重要抓手,是解决农业农村农民问题的重要途径,是推动区域协调发展的有力支撑,是促进社会全面进步的必然要求。"十三五"以来,我国新型城镇化建设取得重大进展,城镇化水平和质量大幅提升,农业转移人口市民化成效显著:户籍制度改革取得历史性突破,1亿农业转移人口和其他常住人口在城镇落户目标顺利实现;2020年末,城市数量增至685个。"十四五"阶段,我国继续深入推进以人为核心的新型城镇化战略,持续促进农业转移人口市民化,完善以城市群为主体形态,大中小城市和小城镇协调发展的城镇化格局。

在世界范围内而言,中国正在经历的是人类历史上规模最大、速度最快的一次城镇化浪潮。《"十四五"新型城镇化实施方案》指出,我国目前的城镇化发展面临的问题挑战和机遇动力并存,一方面,城镇化质量有待进一步提升,另一方面,我国仍处在城镇化快速发展期,城镇化动力依然较强。根据相关研究,中国将在"十四五"期间出现城镇化进程由高速推进转向逐步放缓的"拐点",2035年后才会进入相对稳定的发展阶段,中国城镇化率峰值大概率出现在75%~80%。尽管城镇化推进速度会放缓,但预计到2035年还将有约1.6亿农村人口转移到城镇。20世纪的城镇化发展实践已经证明,城市虽然在诸多方面推动了人类文明和进步的整体发展,但也产生了众多的问题,城市与乡村区域之间的和谐关系不断被打破,已经威胁到了地球的整体环境安全。我国正在进行的大规模快速城镇化进程的发展方向和模式,对国家高质量发展目标的实现至关重要,而未来的城镇化过程必须遵循理性、健康和可持续的意识观念。

第二章
城市规划思想发展

第一节　中国古代城市规划思想

一、相关重要论著

中国古代文明中有关城镇修建和房屋建造的论述中总结了大量生活实践的经验，这些内容经常将阴阳五行和堪舆学的理论框架融入其中。虽然至今尚未发现有专门论述规划和建设城市的中国古代书籍，但有许多理论和学说散见于《周礼》《商君书》《管子》《墨子》等政治伦理和经史书中。

商代开始出现了我国城市的雏形，而成书于春秋战国时期的《周礼·考工记》记述了关于周代王城建设的空间布局："匠人营国，方九里，旁三门。国中九经九纬，经涂九轨。左祖右社，面朝后市，市朝一夫"（图2-1）。

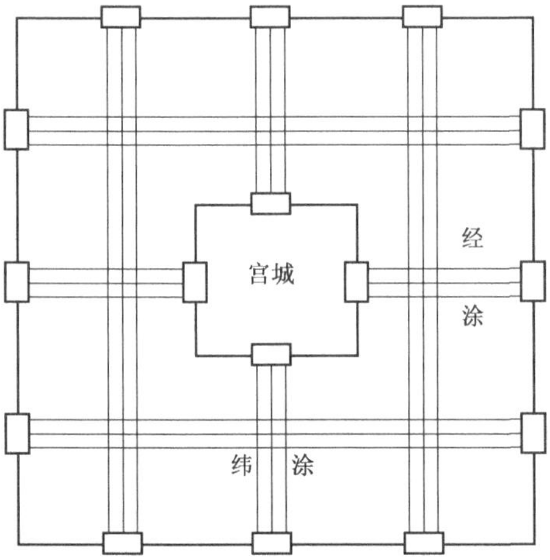

图2-1　周王城平面想象图

同时,《周礼·考工记》中还记述了按照封建等级,不同级别的城市,如"都""王城""诸侯城"在用地面积、道路宽度、城门数目、城墙高度等方面的差异。此外还有关于城外的郊、田、林、牧地之间相关关系的论述。

《周礼·考工记》记述的周代城市建设的空间布局制度对中国古代城市规划和实践活动产生了深远的影响。《周礼·考工记》反映了中国古代哲学思想开始在都城建设规划中得到具体体现,这是中国古代城市规划思想最初形成的时代。

二、中国古代城市规划思想的影响因素

1. 早期的耕作制度

我国早期的城市总体规划形态受到了以"井田制"为代表的早期农耕制度的影响。所谓井田即"方里为井,井九百亩,其中为公田。八家皆私百亩,同养公田,公事毕,然后敢治私事"。井田的思想对城市布局产生了较大影响,井田以"夫"(即一百亩)作为城市用地的面积计量单位,从而促进了中国早期城市网格化空间格局的形成。城市内部的道路网络布局与井田间纵横交错的田埂(阡陌)相呼应,形成了规整的经纬式城市肌理,体现了面积计量与规划布局的紧密联系(图2-2)。

2. 传统的营建技法

(1)单体建筑的布局规划对方形的城郭和方格路网的建设具有主导影响。中国古代建筑布置面南背北,背风向阳,导致道路呈南北向为主的方格网。中国古代建筑也形成了外围高大而同样较为方正的封闭式院墙文化(图2-3)。

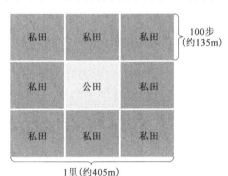

图2-2 "井田"布局示意图

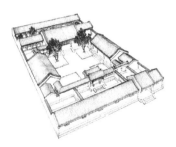

图2-3 中国古代建筑布局形式

(2)筑城材料和施工技术的影响。中国古代城墙多为夯筑,而方正直线形的城墙设计对此类施工较为方便(图2-4)。

图2-4 中国古代城墙形式

（3）古代木构架建筑的群体布局手法也深刻地影响了城市内部的布局。木构架建筑结构因其平面布局的灵活性，能够自由伸展，加之设计中常采用中轴线对称的手法来组织和布局空间，这种规划理念进而升华并塑造了城市的宏观布局结构（图2-5）。

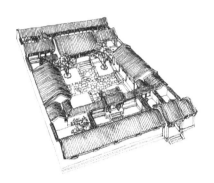

图2-5　木构架建筑示意图

3. 特有的文化观念

（1）天圆地方和天人感应思想。中国古代有"天圆如张盖，地方如棋局"的说法，天圆地方说是中国早期特有的对宇宙万物空间形态的基本认知。"方属地"被赋予高度的象征意义，成为人们居住空间的理想模式，从深层次的文化意识上奠定了中国古代建设"方形城市"的思想基础（图2-6）。

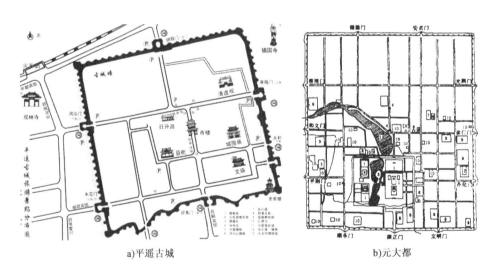

a) 平遥古城　　　　b) 元大都

图2-6　中国古代"方形城市"

（2）五行、阴阳思想和《周易》学说。五行思想是对世界物质结构以及所有的物质和物体发展规律的基本认识。阴阳思想是揭示它们运动过程中对立统一的两个方面。《周易》是在吸收五行和阴阳思想的基础上，由原始的占卜术发展而来，系统归纳、解释世界观。春秋末年，这一套深邃的宇宙观念在城市实际建设中得到了生动体现。伍子胥受命建造阖闾大城时，便充分运用了这些哲学智慧——"相土，尝水，象天法地"，这一系列行为直接呼应了阴阳五行与

《易经》中天人合一、和谐共生的哲学思想。他不仅考虑地理环境的自然适宜性，还通过城池的布局设计（如周回四十七里的大城以及象征天象与地利的十六座城门）营造一个既符合自然法则又符合其所在时代宇宙观的人居环境，展现了古代城市规划中深刻的文化哲学底蕴与高超的实践智慧（图2-7）。

4. 封建政治制度

中国古代城市的形制受到了以礼制为核心的封建政治的深刻影响：一是君臣、长幼等尊卑有序。在城市规划中表现为强调"辩证方位"，即借助于传统文化观念中的对数、方位的尊卑高下内涵，来界定城市建设中的礼制等级位序，如"择中而立宫""前朝后市，左祖右社，文左武右"。二是礼与乐的和谐，即要求城市规划需要有序感、整体感、统一的礼制规划风格（图2-8）。

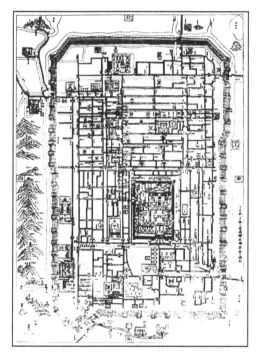

图2-7 宋平江城（苏州）

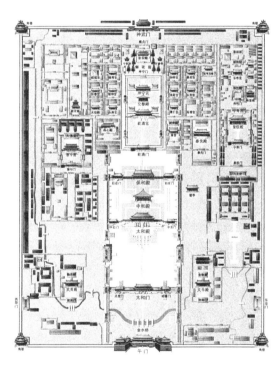

图2-8 北京故宫平面图

第二节　西方古代城市规划思想

一、古希腊时期

大约公元前5世纪，古希腊规划师希波丹姆提出了城市建设的希波丹姆模式，该模式采用方格网的道路系统作为城市骨架，并将城市广场设定为城市中心。广场作为市民集会的公共空间，其核心地位体现了古希腊公民民主文化的精髓。

希波丹姆模式追求几何形状、比例与数理秩序之间的和谐美感，这一理念在遵循其规划

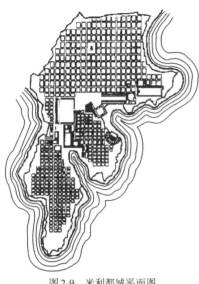

图2-9 米利都城平面图

原则建设的米列都城中得到了完美实现(图2-9)。

二、古罗马时期

罗马营寨城的建设始于罗马共和国时期的军事扩张,特别是在公元前3世纪末到公元前2世纪,罗马征服地中海地区的过程中广泛建造。这类营寨城遵循一定的规划模式,平面通常设计为方形或长方形,中心由十字形街道组织,分别通往东、南、西、北四个城门,南北向主街称为Cardos,东西向的为主街Decumanus。交点附近往往设有重要的公共设施,如Forum(中心广场),它是城市社会、政治和商业活动的焦点,周边环绕着神庙、市场和官署等建筑(图2-10)。古罗马营寨城的规划思想深受军事控制目的的影响,用以在被占领地区的市民心中确立对罗马统治的认同感。

随后,随着罗马城市的和平发展,特别是在共和时期后期和帝国时期,城市中心的广场开始演变并扩大,形成了更为复杂的广场群。共和广场(Republican Forum)的发展见证了罗马社会、政治和经济活动的中心从简单的集会场所转变为更加宏伟的建筑群。进入帝国时期,罗马帝国广场(Imperial Forum)的建设进一步提升了这些中心区域的规模和装饰性,成为皇帝展示权力、纪念胜利和提供市民服务的重要空间(图2-11)。

图2-10 典型罗马营寨城——提姆加德城
资料来源:《外国建筑历史图说》,罗小未著。

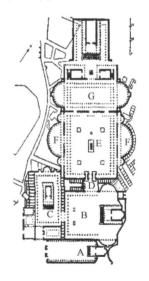

图2-11 罗马城的帝王广场群
A-奈乏广场(Forum of Nerva,建于约公元90年);
B-奥古斯都广场(Forum of Augustus,建于约公元前30年);C-恺撒广场(Forum of Casar,建于约公元前40年);D-图拉真广场前的凯旋门;E-图拉真像;
F-广场内的市场;G-巴西利卡
资料来源:《外国建筑历史图说》,罗小未著。

公元前1世纪的古罗马建筑师维特鲁威的著作《建筑十书》(De Architectura Libri Decem),是西方古代保留至今唯一完整的古典建筑书籍。该书分十卷,在第一卷"建筑师的教育,城市规划与建筑设计的基本原理"、第五卷"其他公共建筑物"中有不少关于城市规划、建筑工程、市政建设等方面的论述。

三、中世纪

一般认为,中世纪是西欧经济、文化以及城市发展上倒退的时期,是欧洲最黑暗的时期。从城市发展的角度看,中世纪的城市却是现代社会发展的奠基石,也是我们与古代城市文明建立连接的桥梁。中世纪城市有如下主要特点(图2-12):

(1)城市形态大多呈不规则的自然生长的态势。

(2)除古罗马遗留下来的方格网状道路系统以及个别实例,道路系统呈自然生长状,具体表现为曲折、狭窄。

(3)大教堂、主教府邸等宗教设施、市政厅等政治性建筑以及商业设施等构成城市的中心和公共领域。

(4)由于城墙的限制,城市建设用地紧张。

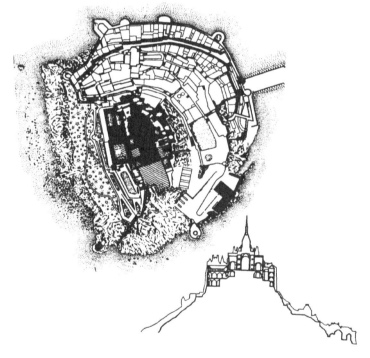

图2-12　圣密歇尔山城的平面图和立面图

四、文艺复兴时期

文艺复兴时期,人文主义思潮的兴起将人的价值与理性置于前所未有的高度,这一时期的城市规划与建设亦深受此影响,它融合了对数理美学的追求、人本主义理念的实践以及古典文化的复兴,共同塑造了这一时期独特的城市风貌。

1. 追求理想的城市图景

受古典文化启迪，学者与艺术家们探索基于数学比例、宇宙秩序与和谐美学的城市规划理念，催生了"理想城市"（Città Ideale）的概念模型（图2-13）。这一构想旨在通过几何学的精准应用，实现城市形态与功能的高效统一。

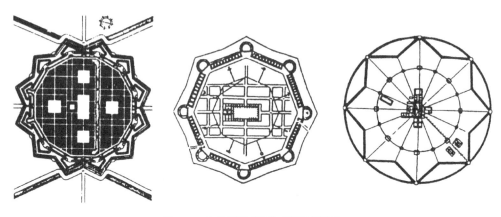

图2-13　文艺复兴时期的理想城市模式
资料来源：《外国城市建设史》，沈玉麟著。

2. 人文主义的营造思想

文艺复兴时期的城市建设深刻体现了人文主义精神的核心，这一时期的城市不仅在美学上追求古典元素的复兴与创新，更重要的是，城市规划者在规划理念上实现了从"神本"到"人本"的转变。城市设计也开始高度关注人的需求与体验，街道变得更加宽敞笔直，公共广场成为城市生活的活跃中心。同时，通过借鉴古希腊、罗马建筑的风格，如采用柱廊、拱门等经典元素，并结合新兴的规划思想，文艺复兴时期的城市规划者创造出既美观又实用的城市空间，适应了当时社会功能的多样化发展，构成了一个既追求外在秩序和谐，又兼顾内在舒适与文化内涵的城市图景，完美地将人文关怀与古典美学的理想融入在城市的规划与设计中。这一时期，建筑与城市建设理论研究取得丰硕的成果，如维特鲁威的《建筑十书》、阿尔帕蒂的《论建筑》、费拉锐特的《理想的城市》等。

第三节　现代城市规划思想的产生与发展

一、霍华德与田园城市理论

1. 发展背景与起源

1898年，英国人霍华德发表了一篇题为《明天——一条引向真正改革的和平道路》的著作，1902年再版时改名为《明日的田园城市》，其中阐述了"田园城市理论"的内涵。在之后的一个世纪里，其对西方国家，尤其是英美国家的城市规划所产生的影响是任何其他著作所无法比拟的。

田园城市理论针对工业革命后英国城市中所出现的问题提出了理想但又具有一定可行

性的解决方案。换句话说,就是将人类既要享受现代文明的恩惠,又不愿意放弃贴近自然的原始本能的要求与当时的社会、经济环境以及城市发展状况创造性地结合在一起。

2. 核心思想与内容

霍华德认为,城市环境的恶化是由城市膨胀引起的,城市无限扩张和土地投机是城市问题的根源。城市人口过于集中是由于城市具有吸引人口聚集的"磁性",如果能有意识地控制和削弱城市的"磁性",城市便不会盲目膨胀。

他提出关于三种"磁性"的图解,图中列出了城市和农村生活的有利条件与不利条件,并论证了一种城市与乡村结合的形式,即田园城市,它兼有城、乡的有利条件而排除了两者各自的不利条件(图2-14)。

田园城市思想的核心内容如下。

（1）城乡融合与边界控制：主张在城市周边保留永久性农业地带,作为自然绿带,既能够满足城市部分食品需求,又有效遏制城市无序扩张,实现城市与乡村生态与经济的和谐共生。

（2）人口规模的合理控制与城市网络构建：提倡限制单个城市的最大人口容量,一旦城市人口数量接近此上限,便规划建立新的卫星城市来应对人口增长,形成"社会城市群"——这是一系列相互关联、功能互补的小型城市,它们在保持各自特色的同时,共同构成一个社会经济紧密互动的整体。

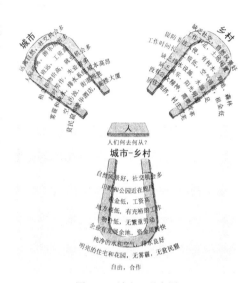

图2-14 城乡三磁力图
资料来源：《明日——真正改革的和平之路》,埃比尼泽·霍华德著。

（3）土地公有与社区利益共享：推行土地公有制度,由城市管理者负责土地的规划与分配,对租赁土地实施严格监管,确保土地利用的高效与公平。城市发展产生的经济盈余部分应回馈社区,用于公共设施的完善和居民福利的提升,实现经济成果的社会共享。

（4）就近就业与功能区域规划：规划专门的生产区域,鼓励当地产业发展,以缩短居民通勤距离,使大多数人能够在居住地附近找到工作机会,这不仅减轻了交通压力,还增强了社区的活力,提升了居民的生活质量。

霍华德对理想模式的田园城市做出了如下规划：平面为圆形,占地6000英亩❶,城市居中,占地1000英亩；四周的农业用地占5000英亩,农业用地永远不得改作他用。田园城市的中央是公园,有6条主干道路从中心向外辐射,把城市分成6个区。若城市人口超过了规定数量,则应围绕中心城市另建新城。城市之间以快速交通和即时迅捷的通信相连,地理分布呈现行星体系特征。各城市经济上独立,政治上联盟,文化上密切联系(图2-15)。

霍华德的田园城市理论把城市当作一个整体来研究,重视城乡统筹发展,提出了适应现代工业的城市规划思路,对人口密度、城市经济、城市绿化的重要性等问题都提出了见解,对城市规划学科的建立起了重要作用。今天的城市规划界一般都把霍华德田园城市理论的提出作为现代城市规划的开端。

---

❶ 1英亩≈4046.86m²。

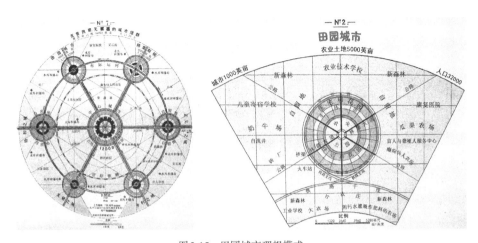

图2-15 田园城市理想模式
资料来源:《明日——真正改革的和平之路》,埃比尼泽·霍华德著。

二、勒·柯布西埃与明日城市理论

1. 发展背景与起源

1922年,勒·柯布西埃出版了《明日的城市》,较全面地阐述了他对未来城市的设想:在一个人口为300万的城市里,中央是商业区,有24座60层的摩天楼提供商业商务空间,并容纳40万人居住;60万人居住在外围的多层连续板式住宅中,最外围是可供200万人居住的花园住宅。整个城市的尺度巨大,高层建筑之间留有大面积的绿地,城市外围还设有大面积的公园,建筑密度仅为5%。采用立体交叉的道路与铁路系统将城市中心与其他各区域相连。采用高容积率、低建筑密度来疏散城市中心功能与人口,改善交通,为市民提供绿地、阳光和空间是这一规划方案所追求的目标(图2-16)。

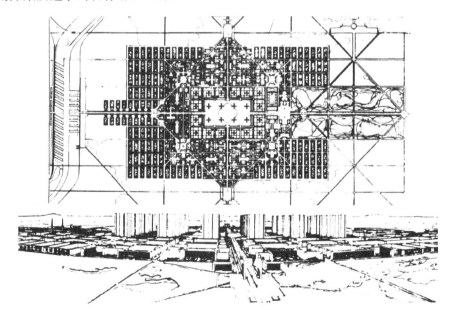

图2-16 《明日的城市》中的城市布局思想

2. 核心思想与内容

应该说,勒·柯布西埃在正视并积极利用工业革命所带来的技术进步方面,较19世纪以来以霍华德为代表的"大城市反对派"更符合历史发展的趋势。其城市规划的有关思想可归纳为以下四点:

(1)传统城市由于规模的增长和市中心拥挤程度的加剧,已经出现功能性老化。

(2)以局部高层建筑的形式换取大面积的开放空间,以解决城市拥挤问题。

(3)在城市的不同部分保持较为平均的建筑密度,取代传统的"密度梯度"(即越靠近市中心建筑密度越高的现象),以减轻中心商业区的压力。

(4)建设铁路、人车分流设施、高架道路等高效的城市交通系统。

从某种意义上来说,经常被作为田园城市理论对立面论述的勒·柯布西埃的城市观,与空想社会主义及霍华德的理论有着许多相似的地方,比如:都或多或少带有理想主义的色彩;都具有改造社会的使命感,并企图通过改造生活环境解决社会问题,适应社会的进步等;甚至在通过使居民贴近、回归自然的方式来解决城市问题等方面都有相似之处。事实上,被称为"城市集中主义"的明日城市理论与被称为"城市分散主义"的田园城市理论的最大区别就是是否肯定甚至是赞赏大城市的存在。换言之,针对工业革命以来的城市问题,勒·柯布西埃的解决方案是建设或改造大城市,而霍华德的解决方式是建设小城市群(社会城市)。

三、沙里宁与有机疏散理论

1. 发展背景与起源

针对大城市过分膨胀所带来的各种弊病,芬兰建筑师伊利尔·沙里宁在1934年发表了《城市——它的成长、衰败与未来》一书,书中提出了"有机疏散"的思想。

2. 核心思想与内容

沙里宁从对生物学和人体的认识出发来分析当时的城市问题。他把城市看作一个机体,机体内部由许多细胞组成,如果细胞分布不均衡或过度密集,会导致整个机体功能受损。如果机休内的细胞间预留出一定的空隙,逐步繁殖的细胞会向邻近的空隙扩展,细胞的生长就有了很强的灵活性,可有效地保护有机体。根据上述理论将城市划分为多个区域,根据城市现状及未来的发展,在每个区域之间都留有足够的空间,使各区域可随着城市的发展,缓慢地向外扩展,并按照各区的功能要求,将城市的人口和就业地点分散到中心以外的区域,逐渐缓解城市由单中心向外无限扩张及人口聚集的紊乱现象。

沙里宁将道路比作人体的血液。人体血液是以主动脉和大静脉为主要输送线路,毛细血管则为局部机体输送血液。交通堵塞对城市的影响就如同血液不畅对人体产生的影响一样,会导致整个城市瘫痪。沙里宁由此提出城市中应该有联系整个城市的主干道,以使高速车辆穿越时不受阻挡。同时,为了避免对居民的干扰,要将主线路设在带状的绿地中,与住宅区拉开一定的距离。

"有机疏散"理论是介于"田园城市"理论和"明日城市"理论两者之间,又区别于二者的思想。

四、近现代城市规划史上的三部宪章

1.《雅典宪章》

成立于1928年的国际现代建筑协会(CIAM)在1933年的雅典会议上提出了一个有关城市及城市规划问题思考的纲领性文件——《雅典宪章》。《雅典宪章》共分成八个部分,主要针对其所主张的居住、工作、游憩、交通四大城市功能,采用"问题-对策"的分析方法,一一加以论述,系统地提出了科学制定城市规划的思想和方法论。《雅典宪章》的主要观点和主张有:

(1)城市的存在、发展及其规划有赖于其所存在的区域(城市规划的区域观)。

(2)居住、工作、游憩、交通是城市的四大功能。

(3)居住是城市的首要功能,必须改变不良的现状居住环境,采用现代建筑技术,确保所有居民拥有安全、健康、舒适、方便、宁静的居住环境。

(4)以工业产业为主的工作区需依据其特性分门别类布局,避免与其他城市功能之间相互干扰,且应保持便捷的联系。

(5)确保各种城市绿地、开敞空间及风景地带在城市空间中的合理存在。

(6)依照城市交通(机动车交通)的要求,区分不同功能的道路,确定道路宽度。

(7)保护文物建筑与地区。

(8)改革土地制度,兼顾私人与公共利益。

(9)以人为本,从物质空间形态入手,处理好城市功能之间的关系,是城市规划者的职责。

《雅典宪章》作为城市规划从业者在规划工作中应对工业化与城市化的方法与策略结晶,集中体现出以下特点:首先,现代建筑运动具有注重功能、反对形式的主张,这反映在对城市空间按照城市功能进行分区和依照功能区划分道路类别与等级等方面;其次,城市规划的物质空间形态被作为城市规划的主要内容,虽然土地制度以及公与私之间的矛盾被提及,但似乎恰当的城市物质形态规划可以解决城市发展中的大部分问题。此外,《雅典宪章》虽然明确提出以人为本的规划理念,并以满足广大人民的需求为城市规划的目标,但现代建筑运动的兴起使得其通篇理论建立在"功能主义"的基础之上,改造现实社会的主观理想和愿望与可以预期的结果被当作同一件事情来论述,作为城市真正主人的广大市民仅被当作规划的受众和被从城市问题中拯救的对象。无论如何,《雅典宪章》虽带有时代认识的局限性,但其中的主要思想和原则至今对处在城镇化进程中的我国来说仍具现实指导作用。

2.《马丘比丘宪章》

现代建筑运动顺应时代发展的要求,高举功能主义和理性规划理念的大旗,但无论是其理论还是实践均出现了脱离社会现实和矫枉过正的情况,并在20世纪50年代中期前后开始受到质疑和指责。其中,既有像第十小组(Team 10)那样对现代建筑运动所进行的温和修正和改良,也有像简·雅各布斯(Jane Jacobs)在《美国大城市的死与生》(*The Death and Life of Great American Cities*)中那样对传统规划思想所作出的直率批评。

在这种背景下,一批城市规划学者于1977年12月在秘鲁的利马进行学术讨论,并在古文化遗址马丘比丘山签署了《马丘比丘宪章》,根据1930年之后近半个世纪的城市规划与建设实

践和社会实际变化,对《雅典宪章》进行了补充和修正。

《马丘比丘宪章》共分成12个部分,对《雅典宪章》中所提出的概念和关注领域逐一重新进行了分析,并提出具体的修正观点。首先,《马丘比丘宪章》声明其对《雅典宪章》的提高和改进,而不是摒弃,并承认《雅典宪章》的许多原理至今依然有效。在此基础之上,《马丘比丘宪章》主要在以下几个方面阐述了需要修正和改进的观点:

(1)不应因机械地分区而牺牲城市的有机构成,城市规划应努力创造综合的多功能环境。

(2)人的相互作用与交往是城市存在的基本依据,在安排城市居住功能时应注重各社会阶层的融合,而不是隔离。

(3)改变以私人汽车交通为主要对象的城市交通系统规划,优先考虑公共交通。

(4)注意节制对自然资源的滥开发,减少环境污染,保护包括传统文化在内的历史遗产。

(5)技术是手段而不是目的,应认识到其双刃剑的特点。

(6)将区域与城市规划视为一个动态演进过程,需适应不断变化的社会经济环境。

(7)建筑设计的任务是创造连续的生活空间,建筑、城市与园林是不可分割的整体。

3.《北京宪章》

1999年于北京召开的国际建筑师协会第20届世界建筑师大会通过了由吴良镛院士起草的《北京宪章》。与上述两个宪章所不同,《北京宪章》并不是专门针对城市及城市规划问题提出的,而是在世纪之交之际,回顾了20世纪的"大发展"和"大破坏",对新世纪面临的机遇与挑战给予了客观的估计和中肯的警告。

《北京宪章》通篇贯穿着综合辩证的思想,针对变与不变、整体的融合与个体的特色、全球化与地方化等问题做出了独到、精辟的论述,将景象纷呈的客观世界与建筑学的未来归结为富有东方哲学精神的"一致百虑,殊途同归"。正是这种辩证的方法和整合的思想使《北京宪章》在全球化和多元文化碰撞的时代提出了包括尊重多元化、广义建筑学和可持续发展在内的观点,这些也是《北京宣言》时代精神之所在。

(1)文化多元化。

《北京宪章》提出,在保持本土文化的前提下吸收先进的外来文化,同时在地域和整体性问题上,承认区域差异的存在,并强调"对于不同的地区和国家,建筑学的发展必须探求适合自身条件的蹊径"从而使"现代建筑的地区化,乡土建筑的现代化,殊途同归,推动世界和地区的进步与丰富多彩"。这些思想对新时代中对于传统的保护继承以及新建筑的创新都具有重要意义。

(2)广义建筑学。

《北京宪章》另一大贡献是提出了广义建筑学的观念。城市的可持续发展涉及政治、经济、社会、技术、文化、美学等方方面面,吴良镛先生提出的广义建筑学,站在人居环境创造的高度,倡导从观念上和理论基础上把建筑学、地景学、城市规划学的要点整合统一,主张建筑师要在新世纪中重新审视自身的角色,摆脱传统建筑学的桎梏,将环境、社会、经济、文化、政治纳入城市规划的考量范围内。

(3)可持续发展。

《北京宪章》指出,可持续发展是人类共同的选择,可见其不仅对环境问题加以科学分析,更重要的是提出了可持续发展的城市规划原则,即将"规划建设,新建筑的设计,历史环境的保护,一般建筑的维修与改建,古旧建筑合理地重新使用,城市和地区的整治、更新与重建,以及地下空间的利用和地下基础设施的持续发展等,纳入一个动态的、生生不息的循环体系之中"。

第三章
国土空间规划体系

第一节 国土空间规划体系的建立

一、中华人民共和国成立后的城乡规划

中华人民共和国成立后,中国共产党和人民政府制定了"为工业、为生产、为劳动人民服务"的城市建设方针。通过一边学习国外先进规划理念,一边总结自己的实践经验,中国城乡规划建设走上了正确的发展道路,其成就为中国社会主义现代化建设做出了重要贡献。

1. 中华人民共和国成立初期

新中国成立初期,党中央提出了"必须用极大的努力去学会管理城市和建设城市"以及"城市建设为生产服务,为劳动人民生活服务"等论述,为制定城市建设方针奠定了思想基础。这一时期我国逐步建立起农业支持工业、农村支持城市的城乡二元经济结构。

1952年,中央人民政府建筑工程部组织召开了第一次城市建设座谈会,会议提出要从中央到地方建立健全管理机构,各城市都要开展城市规划,划定城市建设范围。1954年,建筑工

程部组织召开了全国第一次城市建设会议,明确了城市建设必须为国家社会主义工业化、为生产、为劳动人民服务,采取与工业建设相适应的重点建设方针。洛阳、成都、武汉等一批"一五"计划的重点工业城市较好地执行了规划建设。

1971年在京召开的城市建设会议决定恢复城市规划机构,重新编制规划。1974年5月,国家基本建设委员会将重新修订的《关于城市规划编制和审批意见》《城市规划居住用地控制指标》两个文件颁发试行,推动了城市规划与建设工作。

2. 改革开放后的快速城镇化阶段

改革开放后,随着经济体制改革,我国经济体制自计划经济转型为社会主义市场经济,城市规划发展面临新的形势。

1978年3月,国务院召开第三次全国城市工作会议,制定了《关于加强城市建设工作的意见》,强调城市在国民经济中的重要地位和作用,提出控制大城市规模、多搞小城镇,要求认真编制和修订城市总体规划、近期规划和详细规划等,城市规划工作重新走上正轨。1980年,全国城市规划工作会议提出了"控制大城市规模、合理发展中等城市、积极发展小城市"的城市建设方针。同年,《城市规划编制审批暂行办法》和《城市规划定额指标暂行规定》正式颁布,使全国城市规划拥有了新的技术性法规。

1984年,国务院颁布《城市规划条例》,对城市规划的任务、方针和政策以及城市规划的编制和审批等做出了明确规定,这是我国在城市规划和建设管理方面的第一部法规,也标志着中国现代城市规划事业步入了法治建设阶段。截至1986年底,全国有96%的设市城市和85%的县镇编制完成了城市总体规划,以2000年为规划节点的城市总体规划在全国范围内已基本完成,以此为标志,我国的城市规划工作进入了一个新的历史发展阶段。1989年12月,第七届全国人大常委会通过了《中华人民共和国城市规划法》,这是我国在城市规划、城市建设和城市管理方面的第一部法律。

20世纪90年代,邓小平发表了重要的南方谈话,党的十四大决定建立社会主义市场经济体制,之后城市规划领域工作者开创了一个全面开放式的城市规划体系,城市建设进入一个更快的发展阶段。

随着全球化深度和广度的不断拓展,20世纪90年代初,我国顺应时代浪潮进一步扩大对外开放,推进了分税制、分权化、城乡土地使用制度、住房市场化等一系列重大的改革。这一时期的城市规划在相当程度上成为地方政府经营土地等各类城市资产、管控空间秩序和营造景观环境的重要工具,更承担了提高城市竞争力、促进城市发展的重要任务。

但是,我国在单一目标导向下的经济高速发展与快速的城镇化进程中,迅速暴露出种种问题,如城市空间无序扩张,城乡之间、区域之间发展不平衡加剧,经济增长与社会、文化、生态等多元发展目标之间极度失衡等。鉴于此,2003年之后,党中央提出了"科学发展观"重大战略思想,以及"五个统筹""和谐社会"等一系列思想,对经济发展方式进行了修正,促进经济、社会、生态等各个方面的统筹,规划领域的工作也真正开始从"城市规划"拓展至"城乡规划"。

3. 新型城镇化阶段

改革开放以来,我国工业化和城镇化取得了举世瞩目的成就,但也带来了一系列可持续发展的相关问题。2010年后,全球进入后金融危机时代,全球生产、贸易分工格局及金融体系发生深刻变化,我国的内外发展环境日益严峻,党的十八大、十九大做出了我国经济步入新常态的判断,提出了深化改革、美丽发展、创新发展等一系列新目标以及"五大发展理念"、生态文明建设、高质量发展、国内国际双循环等新要求。国家发展以解决"人民日益增长的美好生活需要和不平衡不充分发展之间的矛盾"为目标,从新农村建设到乡村环境整治、美丽乡村建设,再到党的十九大报告提出实施乡村振兴战略,都标志着我国从过去以城市为中心的高速城镇化阶段,全面转向以城乡统筹为目标的高质量城镇化阶段。

在新型城镇化阶段,我国对城乡规划功能角色和社会影响的认知发生了显著变化。首先是城乡规划在治国理政中扮演的角色发生转变。城乡规划成为国家实现治理体系和治理能力现代化的重要组成部分,其在国家多层级治理架构下的引领地位、规范作用以及科学性、严肃性得到强调,同时也在"政府—市场—社会关系"调整中发挥更加突出的作用。

其次是城乡规划价值取向与决策内容的重大转变。城乡规划从长期以来强调促进城市经济增长、城镇化水平提高等机械增长目标,转变为关注以人为中心的新型城镇化,促进高质量发展、区域协调发展、城乡可持续发展、社会和谐共享等一系列综合目标的实现;城乡规划出发点从长期保障城市发展中不断增长的需求,转变为生态优先、引导发展、刚性管控,不再"以需求定空间供给",而是首先要明确生态环境保护、耕地保护的底线,以有限的空间供给来约束无限的空间增长需求。

4. 国土空间统筹发展新时期

2017年党的十九大报告提出人与自然和谐共生的重大要求,将建设"美丽中国"作为全面建设社会主义现代化国家的一个重大目标,明确提出要统筹山水林田湖草生命共同体,坚持人与自然和谐共生,强调从自然资源的整体性与系统性角度合理统筹国土空间规划,达到人与自然之间的相互平衡。

党的十九大报告将生态文明视作"中华民族永续发展的千年大计",党和国家更加关注生态文明建设,坚持以人为中心,满足人民对于美好生活的向往,追求"绿水青山就是金山银山"的现代化城乡人居环境建设。

2018年3月,第十三届全国人大第一次会议将"生态文明建设"写入《中华人民共和国宪法》,标志着我国步入了生态文明建设和绿色发展的新阶段;2018年4月,中华人民共和国自然资源部正式成立,城乡规划的相关职责也由住房和城乡建设部调整到自然资源部。构建国土空间规划体系是我国推进生态文明建设的客观要求,是关系到国民经济与社会长期、持续、健康发展的重要工作,是国家推进生态文明建设、全面统筹经济社会发展、合理高效配置资源、协调经济发展与生态保护的重要手段,也是实现国家治理体系和治理能力现代化的重要路径。

2019年5月印发的《中共中央、国务院关于建立国土空间规划体系并监督实施的若干意见》,标志着我国开始全面实施并推进国土空间规划制定工作,也标志着国土空间规划体系顶层设计和"四梁八柱"(其中,"四梁"指四体系,"八柱"指"五极"加"三类")基本形成。国土空间规划的实施不但要实现"多规合一",更提出了全域全要素的管控要求。国土空间规划与传统意义上以发展建设为主体导向的城乡规划有所差异,也不同于注重管控思维的土地利用规划,而是在生态文明理念下对空间规划的重构,将规划的范围从建成环境扩展到全域全要素,体现了国土空间规划的战略性、约束性、系统性和权威性等特征。

二、生态文明思想下的国土空间规划

生态文明是人类文明发展的一个新阶段,即工业文明之后的文明形态,是以人与自然、人与社会和谐共生、良性循环、持续繁荣为基本宗旨的社会形态。面对资源约束趋紧、环境污染严重、生态系统退化的严峻形势,必须树立尊重自然、顺应自然、保护自然的生态文明理念,走可持续发展道路。2018年5月,习近平总书记在全国生态环境保护大会上指出:"我之所以反复强调要高度重视和正确处理生态文明建设问题,就是因为我国环境容量有限,生态系统脆弱,污染重、损失大、风险高的生态环境状况还没有根本扭转,并且独特的地理环境加剧了地区间的不平衡。"❶生态文明建设是我国新时期国土空间规划的纲领性指导思想,要求国土空间要加快形成节约资源和保护环境的空间格局,协助推动形成健康可持续的产业结构、生产方式、生活方式,把经济活动、人的行为限制在自然资源和生态环境能够承受的限度内,给自然生态留下休养生息的时间和空间。

1. 后工业时代的生态文明议题

在快速城镇化阶段,我国经济社会蓬勃发展,但发展也导致了对自然生态空间的侵蚀,对资源环境的过度开发利用,破坏了可再生资源固有的更新周期和自然环境的自我修复能力,而庞大的生产以及人口规模带来的废弃物质排放也远超出了环境的自净能力,不可避免地造成了资源环境恶化与生态失衡,生态环境问题反而变成了阻碍经济可持续发展的主要因素。

生态议题的日益突出加速了生态文明时代的到来。生态文明是以人类社会与自然生态环境平等、共同、持续发展为宗旨的文明发展方式,其文明形态不仅表现在人类社会的物质、精神、制度成果上,也表现在自然资源环境的存续与发展状态上。生态文明建设是以自然资源环境为基础,以科学技术为手段,在以自然资源环境为对象创造和享受社会财富的同时,促进自然资源环境的循环、更新、稳定、持续发展,形成共生、协调、统一的人地关系。

生态文明建设必须正确认识和评价一个地区的资源环境承载能力。资源环境是人类社会经济活动的载体,其数量、质量和空间分布等直接关系到其在多大程度上能够承载人类活动,从而决定了承载对象活动的范围、强度、规模等,具体体现在可支撑的人口数量、经济总量、排放总量等。可以说,资源环境承载力决定了经济社会的发展能力,而经济社会的发展能力反过来会对资源环境承载力起到增强或者削弱的作用,因此,资源环境承载力与经济社会发展能力是相辅相成的。

生态文明建设,就是要将人类活动控制在资源环境承载力范围之内,并通过科技发展以及引导观念转变等手段,减少对自然资源的需求,减轻对资源环境的压力,确保不突破资源环境承载力极限,实现人地协调可持续发展。

2. 我国的生态文明思想建设

在新的历史阶段,我国生态文明建设的理论和实践不断发展与完善。2012年,党的十八大正式将生态文明建设写入党章,建设生态文明是中国特色社会主义事业的重要内容,是关系人民福祉、关乎民族未来的长远大计。

十八大以来,党中央高度关注生态文明建设,提出要把生态文明放在突出地位,融入经济

---

❶ 引自人民网。

建设、政治建设、文化建设、社会建设各方面和全过程,并明确提出建立系统的生态文明制度,划定生态保护红线,建立资源有偿使用和生态补偿制度等,同时国家以及相关部门出台了相应的法规政策支持生态文明建设。

2011年10月,《国务院关于加强环境保护重点工作的意见》中首次提出"生态红线"概念并确定一系列重点任务;2015年4月,《中共中央、国务院关于加快推进生态文明建设的意见》提出把生态文明建设放在突出的战略位置,以健全生态文明制度体系为重点,优化国土空间开发格局,加大自然生态系统和环境保护力度;2015年9月,中共中央在《生态文明体制改革总体方案》中提出,平衡好经济社会发展和生态环境保护之间的关系,按照主体功能定位控制开发强度、调整空间结构;2017年2月,中共中央印发《关于划定并严守生态保护红线的若干意见》,提出了生态保护红线的总体要求、内容以及组织保障体系;2020年3月,中共中央印发《关于构建现代环境治理体系的指导意见》,提出了构建现代环境治理体系的准则;2021年10月,中共中央在《关于推动城乡建设绿色发展的意见》中指出,我国要促进区域和城市群绿色发展,建立人与自然和谐共生的美丽城市和乡村。

3. 生态文明思想融入国土空间规划

生态文明建设是我国新时期国土空间规划建设的纲领性指导思想。生态文明理念下的国土空间规划,就是要把生态系统的整体和谐、健康与永续作为国土空间规划安排的顶层原则并落实到城乡建设与发展规划中,保障生态安全,严守生态底线,修复生态空间,让生态文明理念贯穿于空间的规划保护与建设,融入公民行为和社会文化的各个方面。

生态、海洋、农田、城镇等都是国土空间中不同的子系统,生态文明建设下的国土空间规划就是要统筹各个子系统保护、开发、利用、修复的全过程,使之统一在生态文明的整体框架中和永续发展总目标之下。生态文明建设理念下的国土空间规划将重点实现以下六个基本目标(表3-1)。

国土空间规划中的生态文明治理目标　　　　表3-1

序号	目标	内容
1	保障国土安全	包括防止传染病传播,防止火灾蔓延,防止自然灾害,保障边境安全,保障粮食安全,保护海洋生物,保护自然资源
2	落实生态保护	包括确定15min内必须见绿的田园城市生态模式,国土空间包含完整生态体系的架构,具体地域空间中生态要素循环流动,保护动植物多样性,应具备与生态文明空间配套的建设
3	支撑社会治理	面向以人为本的空间需求,实现空间精准配置;建设现代治理制度,包括以街道为单元的治理能力和形态,以及对社会犯罪团体的管控
4	繁荣经济产业	包括避免现代大都市工业生产空间与生活空间的冲突,保障国民经济体系的发展空间,尤其是保障支撑产业迭代升级的科创教育文化空间,保证国家和地方财源空间动力
5	实现文明美丽	包括大都市沿街立面、道路和节点广场的城市设计,国土空间规划中的文化遗产保护、中华文明复兴与新的生态文明创新
6	完善基础设施	包括城乡污水统一排入地下管道,建设大规模市政设施,保障国家航空、铁路、公路、河道、通信等国土空间基础设施装备网络空间

资料来源:《国土空间规划原理》,吴志强著。

三、"多规合一"与国土空间规划改革

随着我国社会经济发展进入新时代,传统规划的方式方法、体系路径难以解决新问题,因此,我国在体制机制、体系规范、评价方法等方面进行了"多规合一"的改革。

1. "多规合一"的发展历程

2003年,国家发展改革委在苏州市、宜宾市、宁波市等6个城市开启规划体制改革试点工作,将国民经济和社会发展规划、城市总体规划、土地利用规划3个规划落实到一个共同的空间规划平台上。随后,上海市、广州市、武汉市等城市相继开展"两规合一""三规合一"的尝试,主要探索城乡规划与土地利用规划的融合协调;与此同时,部分城市进行了规划部门与国土部门的整合。

2013年11月,党的十八届三中全会出台了《关于全面深化改革若干重大问题的决定》,将空间规划体系改革纳入重点工作。同年12月,习近平总书记在中央城镇化工作会议上强调,要积极推进市县规划体制改革,探索能够实现"多规合一"的方式方法,实现一个市县一本规划、一张蓝图,并以此为基础,把一张蓝图干到底。❶

2014年8月,国家发展改革委、国土资源部、环境保护部、住房和城乡建设部四部委联合下发《关于开展市县"多规合一"试点工作的通知》,明确了开展试点的主要任务及措施,并提出在全国28个市县开展"多规合一"试点。

2015年10月,中共中央、国务院印发了《生态文明体制改革总体方案》,提出了要构建国土空间开发保护制度和空间规划体系,整合各类空间性规划,编制统一的空间规划,支持市县推进"多规合一"试点工作。

2016年12月,国家发展改革委在《"十三五"生态环境保护规划》中提出强化"多规合一"的生态环境支持,积极推动建立国土空间规划体系,统筹各类空间规划,推进"多规合一"。

2017年,国家启动开展了9个省级空间规划试点,提出以主体功能区规划为基础统筹各类空间性规划,推进"多规合一"。

2018年4月,自然资源部成立,作为统一管理山水林田湖草等全民所有自然资源资产的部门行使职能,开展工作。国土空间规划体系确立,提出将主体功能区规划、土地利用规划、城乡规划等空间规划融合为统一的国土空间规划,也就是实现以上几个空间性规划的"多规合一"。

纵观我国"多规合一"的发展历程,可以概括为3个阶段:2003—2012年的探索试点阶段,着重考虑的是战略布局和用地管控,但未明确如何划定红线、搭建技术平台等;2013—2015年的正式试点阶段,提出一张蓝图干到底,坚持实施主体功能区制度,落实生态空间用途管制,突出资源环境承载能力,建立规划协调机制,建立控制线体系,形成一本规划、一张蓝图;2016—2018年的深化试点阶段,"多规合一"试点范围逐步扩大,空间规划改革逐步展开,改革内容不断深化。

2. "多规合一"的机构变革

2018年3月,《深化党和国家机构改革方案》和《国务院机构改革方案》先后发布,其中的一项重大变化是组建中华人民共和国自然资源部,负责建立国土空间规划体系并监督实施,将

---
❶ 引自人民政协网。

中华人民共和国国家发展和改革委员会的主体功能区规划职责、原国土资源部的规划职责、住房和城乡建设部的城乡规划管理职责、水利部的水资源调查和确权登记管理职责、农业农村部的草原资源调查和确权登记管理职责、国家林业局的森林和湿地等资源调查和确权登记管理职责、国家海洋局的相关职责、国家测绘地理信息局的相关职责等进行了整合。

组建自然资源部，统一对自然资源开发利用和保护进行监管，建立空间规划体系并监督实施的一系列改革措施，顺应了空间规划发展的大势和规律，适应了我国空间规划"多规合一"的客观需求，对各专项规划起到指导统筹作用，表明我国的空间规划治理体系进入了一个新的历史阶段。

3. "多规合一"的主要目标

"多规合一"是指在一级政府一级事权下，强化国民经济和社会发展规划、城乡规划、土地利用规划、环境保护、文物保护、林地与耕地保护、综合交通、水资源、文化与生态旅游资源、社会事业规划等各类规划的衔接，确保"多规"确定的保护性空间、开发边界、城市规模等重要空间参数一致，并在统一的空间信息平台上建立控制线体系，以实现优化空间布局、有效配置土地资源、提高政府空间管控水平和治理能力的目标。"多规合一"的具体目标包括以下几个方面。

（1）完成国土空间规划"一张图"。统一城市发展目标、发展战略及功能布局，深入梳理并协调消除市县各类规划之间的矛盾，实现市县域"多规合一"，将各类生态管控红线、城乡建设和产业区块、基础设施和公共服务设施、重大项目用地和历史文化保护范围等落实到一张蓝图上。

（2）简化行政审批与管理。搭建区域统一的信息共享和管理平台，利用卫星遥感等技术实现实时数据与规划信息平台的结合，对开发边界、自然资源和生态环境状况进行全天候的监测，推动综合执法，为简化行政审批提供重要支撑。按照一张蓝图规划，依托一个平台管理，转变审批理念，简化项目审批程序，实施审批制度改革。

（3）完善配套运行机制。建立法律保障机制，将"多规合一"划定的生态红线、建设用地扩张边界等控制线纳入地方立法；以政府规章形式明确"多规合一"控制线管理主体、管理办法，统一技术标准；优化建设项目审批制度，建立监控考核制度和动态更新维护制度。

从2014年市县级试点的多种规划合一，到2017年省级空间规划试点的以主体功能区规划为基础的空间性规划合一，再到2019年《关于建立国土空间规划体系并监督实施的若干意见》出台，将主体功能区规划、土地利用规划、城乡规划等空间规划融合为统一的国土空间规划，均象征着我国空间发展和空间治理进入了生态文明新时代，国土空间规划体系建立与规划体制改革进入了新时期。

四、国土空间规划体系建立

城乡规划是国土空间规划的先导和基础，国土空间规划是在城乡规划积淀的基础上发展起来的覆盖国土全域的空间规划。我国国土空间规划以城乡规划为起点，向上拓展至省域规划、区域规划、国域规划，向下延伸至县域规划、乡镇规划与社区规划，逐步扩张至包括海、陆、空在内的整个国域，这是空间规划发展的客观历史，也是必然规律。

新时期的国土空间规划，需要以发展规划为上位遵循，落实发展规划的战略目标和重大战略任务,强化国土空间规划在规划体系中的重要作用以及在自然资源保护开发利用上的刚性管控和指导约束作用,为发展规划确定的重大战略任务落地实施提供空间保障,并为其他规划提出的基础设施、城镇建设、资源能源、生态环境等的开发及保护活动提供指导和约束。

1. 国土空间规划的政策演进

国土空间规划体系的提出以习近平新时代中国特色社会主义思想为指导,全面贯彻党的十九大及之后的历次中央全会精神,紧紧围绕统筹推进"五位一体"总体布局和协调推进"四个全面"战略布局,坚持新发展理念,坚持以人民为中心,坚持一切从实际出发,按照高质量发展要求,做好国土空间规划顶层设计,发挥国土空间规划在国家规划体系中的基础性作用,为国家发展规划落地实施提供空间保障。建全国土空间开发保护制度,体现战略性、提高科学性、强化权威性、加强协调性、注重操作性,使国土空间开发保护更高质量、更有效率、更加公平、更可持续,发挥其在国家规划体系中的基础性作用,为国家发展规划落地实施提供空间保障。国土空间规划体系从改革建立到落地实施是在党和国家一系列政策的引导推动下逐步发展起来的(表3-2)。

关于国土空间规划体系建立的相关政策文件及主要内容　　　　表3-2

序号	发布日期	相关文件	主要内容
1	2017年2月	《全国国土规划纲要(2016—2030年)》(国发〔2017〕3号)	提出统筹各类空间性规划,推进"多规合一",编制国家级、省级国土规划,并与城乡建设等规划相协调
2	2019年5月	《关于建立国土空间规划体系并监督实施的若干意见》(中发〔2019〕18号)	作为开展国土空间规划的国家层面上的政策文件,阐述了国土空间规划体系构建与监督实施的总体安排
3	2019年7月	《关于开展国土空间规划"一张图"建设和现状评估工作的通知》(自然资办发〔2019〕38号)	提出依托国土空间基础信息平台,全面开展国土空间规划"一张图"建设和市县国土空间开发保护现状评估工作
4	2020年5月	《自然资源部办公厅关于加强国土空间规划监督管理的通知》(自然资办发〔2020〕27号)	提出在"多规合一"基础上全面推进规划用地"多审合一、多证合一"
5	2021年7月	《中华人民共和国土地管理法实施条例》(国令第743号)	提出建立国土空间规划体系,明确了经依法批准的国土空间规划是各类开发、保护、建设活动的基本依据
6	2021年9月	《国土空间规划技术标准体系建设三年行动计划(2021—2023年)》(自然资发〔2021〕135号)	提出加快建立国土空间规划技术标准体系,充分发挥标准化工作在国土空间规划编制、审批、实施、监督全生命周期管理中的战略基础作用

2. 国土空间规划体系的突出特点

（1）"多规合一"的整合性。国土空间规划体系实现了主体功能区规划、土地利用规划、城乡规划等多个空间规划的融合，解决了过去规划之间存在冲突的问题，形成了一个统一、协调的规划体系。这种整合不仅体现在规划内容上，也体现在管理机构、体制机制和技术规范等方面的统一，强调规划的层级对应和相互之间的指导、约束及衔接。

（2）体现国家意志与保障战略实施。国土空间规划体系自上而下构建，是国家意志在空间维度的具体体现，确保国家战略，如乡村振兴、区域协调、粮食安全、可持续发展等得以被有效实施。它作为基础性规划，对经济社会发展、城镇布局、产业结构等进行全局指导和约束，推动发展模式转变，提高国土空间利用效率，为国家长远目标的实现提供坚实的支撑框架。

（3）生态优先与绿色发展导向。国土空间规划体系强调生态文明建设，遵循保护优先、节约集约的原则，设定生态保护红线等约束条件，推广绿色生产和生活方式，增加规划的环境韧性，确保发展的可持续性。

（4）以人民为中心的发展思想。国土空间规划体系关注社会主要矛盾，以人为本，优化各类空间格局，包括生态保护、历史文化遗产保护、城乡开发等，致力于打造宜居、宜业、生态友好的生活环境，提升公共服务均等化水平，满足人民对美好生活的需求。

（5）国家治理体系现代化的关键组成。作为治理体系现代化的一部分，国土空间规划体系应当能用、管用、好用。能用，是指要适应我国国情和新时代发展要求；管用，是指能够有效解决问题，强调因地制宜，适用于各地具体情况；好用，是指新的体系要能够有效运行，降低成本，方便实操。国土空间规划体系通过明确各级政府职责、鼓励地方特色规划、建立统一的信息平台，实现规划的科学编制、有效管理和低成本实施。

（6）先进技术支撑的现代规划体系。国土空间规划体系利用现代信息技术，如全国统一的国土空间规划基础信息平台和"一张图"系统，确保规划基于最新数据和精准测绘，实现数据共享与高效监管，增强了规划的科学性、适应性，提升了规划的执行效率。

总之，国土空间规划体系是一个高度整合、具有前瞻性的规划模式，它不仅体现了国家层面的战略意图和生态优先的发展导向，还深深植根于以人为本的发展思想之中，借助现代科技力量，推动治理体系和治理能力的现代化，为国家的全面发展与进步奠定坚实的空间基础。

3. 国土空间规划的发展阶段

到2020年，我国国土空间规划体系基本建立完成，逐步搭建起"多规合一"的规划编制审批体系、监督实施体系、法规政策体系和技术标准体系，且基本完成市县以上的各级国土空间总体规划编制，初步形成全国国土空间开发保护"一张图"；预计到2025年，国土空间规划法规政策和技术标准体系将更加健全，国土空间监测预警和绩效考核机制将得到全面实施，形成以国土空间规划为基础，以统一用途管制为手段的国土空间开发保护制度；预计到2035年，国土空间治理体系和治理能力现代化水平将全面提升，基本形成生产空间集约高效、生活空间宜居适度、生态空间山清水秀、安全和谐、富有竞争力和可持续发展的国土空间格局。

第二节　国土空间规划体系的总体框架

我国国土空间规划体系的总体框架可概括为"五级三类四体系"(图3-1)。

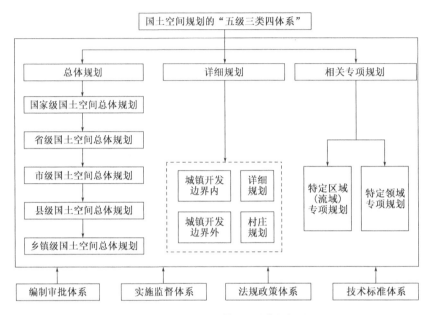

图3-1　国土空间规划体系的总体框架图

一、五级规划层级

就纵向规划层级而言,国土空间规划分为国家级、省级、市级、县级、乡镇级五级。五级规划分别对应我国五个行政管理层级,其中国家级规划侧重战略性,省级规划侧重协调性,市县级和乡镇级规划侧重实施性。五级规划自上而下编制,遵循一级政府、一级事权、一级规划的原则,下级规划服从、服务于上级规划,不得违背上级规划确定的约束性内容。

1. 国家级国土空间规划

国家级国土空间规划由自然资源部会同相关部门组织编制,其功能定位是对全国国土空间做出全局安排,是全国国土空间保护、开发、利用、修复的政策和总纲。国家级国土空间总体规划侧重战略性,即落实国家安全战略、区域协调发展战略和主体功能区战略,明确全国国土空间发展目标策略,优化全国国土空间格局,提出空间开发的政策指南和空间治理的总体原则。

国家级国土空间规划的重点内容包括:

(1)体现国家意志导向,维护国家安全和国家主权,谋划顶层设计和总体部署,明确国土空间开发保护的战略选择和目标任务。

(2)进行地域分区,统筹全国生产力组织和经济布局,调整和优化产业空间布局结构。

(3)合理规划城镇体系,合理布局中心城市、城市群或城市圈。

(4)协调区域发展、海陆统筹和城乡统筹,优化部署重大资源、能源、交通、水利等关键性空间要素。

(5)明确国土空间规划管控的底数、底盘、底线和约束性指标。

(6)统筹推进大江大河流域治理、跨省区的国土空间综合整治和生态保护修复,建立以国家公园为主体的自然保护地体系。

(7)提出国土空间开发保护的政策和差别化空间治理的总体原则。

2. 省级国土空间规划

省级国土空间规划兼具战略性、综合性和协调性。在纵向层面,省级国土空间规划既要落实全国国土空间规划要求,落实国家发展战略、主体功能区战略等要求,也要指导下一级市、县国土空间规划的编制,对下位规划提出控制和引导要求;在横向层面,省级国土空间规划要对省域空间发展保护格局进行综合部署,统筹省级有关部门的相关专项规划。

省级国土空间规划的主要任务包括:

(1)落实全国国土空间规划纲要的目标任务,做好规划传导,明确省域国土空间保护、开发、利用、修复的战略目标;

(2)在全面摸清省域国土空间本底条件的基础上,通过开展资源环境承载能力和国土空间开发适宜性评价,确定优化国土空间布局的总体要求,统筹落实耕地和永久基本农田、生态保护红线、城镇开发边界三条控制线(以下简称三条控制线),明确省域地震、地质灾害、洪涝等自然灾害综合风险重点防控区域,明确农业、生态和城镇空间总体格局,优化完善县级行政区主体功能定位,推动主题功能区战略传导落地的整体安排;

(3)提出优化国土空间开发保护布局和土地利用结构的方案,明确农业、生态、城镇、海洋等功能空间布局优化方向、重点任务和主要指标;

(4)提出保障和支撑省域新型城镇化和乡村振兴、促进区域协同发展的城镇空间布局,优化人地关系和多元空间形态;

(5)保护、传承、利用文化遗产和自然遗产,明确省域内国家遗产保护的空间框架和彰显地域自然人文特色的总体方案;

(6)强化交通、水利、能源、防灾减灾等支撑体系建设,衔接细化全国国土空间规划纲要和国家级相关专项规划要求;

(7)提出促进区域协调发展的空间指导约束政策,加强省际之间的协调对接,以及省域重点地区的协调指引;

(8)提出有效的规划传导和规划实施保障措施。

3. 市级国土空间规划

市级国土空间规划的功能定位是落实细化上级国土空间规划提出的战略要求和任务目标,侧重实施性,旨在提出提升城市能级和高质量发展的战略指引,对市域国土空间保护、开发、利用、治理和修复的总体格局做出具体安排,合理确定市域总体空间结构、城镇体系结构,重点突出市域中心城市的空间规划,合理确定其规模、范围和结构,对市域交通、水利、电力等基础设施进行统筹安排,对历史风貌保护、城市更新、社区生活圈建设等提出原则性要求,明确对下位规划的约束性指标、管控边界、管控要求等。

市级国土空间规划的重点内容包括:

(1)明确主体功能定位,落实空间发展目标战略。确定城市性质和国土空间发展目标,提出国土空间开发保护战略,落实上位规划的约束性指标要求。

(2)优化空间总体格局,促进区域协调、城乡融合发展。落实国家和省的区域发展战略、主体功能区战略,完善区域协调格局、优先确定生态保护空间、保障农业发展空间、融合城乡发展空间、彰显地方特色空间、协同地上地下空间、统筹陆海空间、明确战略预留区。

(3)强化资源环境底线约束,推进生态优先、绿色发展战略。基于资源环境承载能力和国土安全要求,明确重要资源利用上限,划定各类控制线,制定水资源、能源供需平衡方案,强化城市竖向设计和管控。

(4)优化空间结构和提升城市空间连通性,促进节约集约、高质量发展。依据国土空间开发保护总体格局,注重城乡融合、产城融合,优化城市功能布局和空间结构,改善空间连通性和可达性,促进形成符合高质量发展要求的新增长点。

(5)完善公共空间和公共服务功能,营造健康、舒适、便利的人居环境。面向不同尺度的城乡生活圈,优化居住和公共服务设施用地布局,完善开敞空间和慢行交通网络建设,提高人居环境品质。

(6)保护自然与历史文化遗存,塑造具有地域特色的城乡风貌。加强自然和历史文化资源保护,运用城市设计方法,优化空间形态,凸显本地特色优势。

(7)完善基础设施体系,增强城市安全韧性。统筹存量和增量、地上和地下、传统和新型基础设施系统布局,构建集约高效、智能绿色、安全可靠的现代化基础设施体系,提高城市综合承载能力,建设韧性城市。

(8)推进国土整治修复与城市更新,提升空间综合价值。针对空间治理问题,分类开展整治、修复与更新,有序盘活存量,提高国土空间的品质和价值。

(9)建立规划实施保障机制,确保一张蓝图干到底。提出对下位规划和专项规划的指引;衔接国民经济和社会发展五年规划,制定近期行动计划;提出规划实施保障措施和机制,以"一张图"为基础完善规划全生命周期管理。

4. 县级国土空间规划

县级国土空间规划除了落实上位规划的战略要求和约束性指标以外,要重点落实区域发展战略、乡村振兴战略、主体功能区战略,划定县域集中建设区和非集中建设区,划定乡村发展和振兴的重点区域,提出乡村振兴的路径与策略。县级国土空间规划还要突出生态修复和国土综合整治工作,明确国土空间生态修复的目标、任务和重点区域,安排重点工程的规模、布局和时序。

县级国土空间规划的重点内容包括:

(1)落实国家和省域重大战略决策部署,落实区域发展战略、乡村振兴战略、主体功能区战略和制度,落实省级和市级规划的目标任务和约束性指标。

(2)划分国土空间用途分区,确定开发边界内集中建设地区的功能布局,明确城市主要发展方向、空间形态和用地结构。

(3)以县域内的城镇开发边界为限,划定县域集中建设区与非集中建设区,构建"指标+制线+分区"的管控体系,集中建设区重点突出土地开发模式引导。

(4)确定县域镇村体系、村庄类型和村庄布点原则,明确县域镇村体系组织方案,统筹布局综合交通、基础设施、公共服务设施、综合防灾体系等。

(5)划定乡村发展和振兴的重点区域,提出优化乡村居民点空间布局的方案,提出激活乡村发展活力、推进乡村振兴的路径策略。

(6)明确国土空间生态修复目标、任务和重点区域,安排国土综合整治和生态保护修复重点工程的规模、布局和时序。

(7)根据县情实际、发展需要和可能,在县域内因地制宜地划定国土空间规划单元,明确单元规划编制的指引。

(8)明确国土空间用途管制、转换和准入规则,健全规划实施的动态监测、评估、预警和考核机制,提出保障规划落地实施的政策措施。

5. 乡镇级国土空间规划

乡镇级国土空间规划是乡村建设规划许可的法定依据,应结合实际,在乡(镇)域范围内以一个村或几个行政村为单元编制"多规合一"的实用性村庄规划,规划应重点统筹生态保护修复、耕地和永久基本农田保护、乡村住房布局、历史文化传承与保护、产业发展空间、基础设施和基本公共服务设施布局工作。

乡镇级国土空间规划的重点内容包括:

(1)落实县级规划的战略、目标任务和约束性指标。

(2)统筹生态保护修复,统筹耕地和永久基本农田保护,统筹乡村住房布局,统筹历史文化传承与保护,统筹产业发展空间,统筹基础设施和基本公共服务设施布局,制定乡村综合防灾减灾规划。

(3)根据需要因地制宜地进行国土空间用途编定,制定详细的用途管制规则,全面落实国土空间用途管制制度。

二、三类规划类型

"三类"是指国土空间规划的内容类型,分为总体规划、详细规划、相关专项规划。国土空间总体规划强调综合性,是详细规划的依据、相关专项规划的基础。相关专项规划要相互协同,并与详细规划做好衔接。详细规划强调实施性,一般是在市县级以下组织编制,是对具体地块用途和开发强度等作出的实施性安排。详细规划是开展国土空间开发保护活动,包括实施国土空间用途管制、核发城乡建设项目规划许可、进行各项建设的法定依据。在城镇开发边界外,将村庄规划作为详细规划,也进一步规范了村庄规划的编制。

1. 总体规划

总体规划是对一定区域,如行政区全域范围所涉及的国土空间保护、开发、利用、修复等进行的全局性安排。

国家级国土空间总体规划是对全国范围内的国土空间开发保护在空间和时间上作出的综合性、战略性安排,是国家层面的空间发展蓝图和空间政策框架。它是我国空间规划体系中的顶层规划,对下级国土空间规划具有指导性和约束力。它明确了国家空间发展的总体方向、战略目标、空间格局以及重大基础设施布局等。国家级国土空间总体规划涉及国家的生态安全、粮食安全、水资源安全、能源资源安全、国土安全等多个方面的安全问题,旨在促进区域协调发展、优化国土空间结构、保护生态环境、保障国家重大战略落地实施。国家级国土空间总体规划由自然资源部会同相关部门组织编制,经全国人大常委会审议后报中共中央、国务院审批。

省级国土空间总体规划是对全省国土空间保护、开发、利用、修复的总体安排和政策总纲,是编制省级相关专项规划、市县级国土空间总体规划的总依据,由省人民政府组织编制,经省人大常委会审议后报国务院审批。

市县级国土空间总体规划是市县域的空间发展蓝图和战略部署,是市县域国土空间保护、开发、利用、修复和指导各类建设的综合部署和行动纲领。市县级国土空间总体规划一般包括市县域和中心城区两个层次:市县域要统筹全域空间要素规划管理,侧重国土空间开发保护的战略部署和总体格局;中心城区要细化土地使用和空间布局,侧重功能完善和结构优化。市县级国土空间总体规划由市、县人民政府组织编制,除须报国务院审批的城市国土空间总体规划外,其余市县级国土空间总体规划经同级人大常委会审议后,逐级上报省人民政府审批。

乡镇级国土空间总体规划可与市县级国土空间总体规划同步编制。各地可因地制宜地将几个乡(镇、街道)作为一个规划片区,由其共同的上一级人民政府组织编制片区(乡镇级)国土空间总体规划。中心城区范围内的乡镇级国土空间总体规划经同级人大常委会审议后,逐级上报至省人民政府审批,其他乡镇级国土空间总体规划由省人民政府授权设区市的人民政府审批。

2. 详细规划

详细规划强调实施性,是对具体地块用途和开发建设强度等作出的实施性安排,是开展国土空间开发保护活动、实施国土空间用途管制、核发城乡建设项目规划许可、进行各项建设等的法定依据。

详细规划应根据总体规划确定的规划单元分类编制以及国土空间开发保护利用的实际情况按需编制。在城镇开发边界内的详细规划,由市县自然资源主管部门组织编制,报同级政府审批;在城镇开发边界外的乡村地区,以一个或几个行政村为单元,由乡镇政府组织编制"多规合一"的实用性村庄规划,作为详细规划,报上一级政府审批。根据实际需要,还可以编制郊野单元、生态单元、特定功能单元等其他类型的详细规划,由市、县自然资源主管部门或由市、县自然资源主管部门会同属地乡镇人民政府、管委会组织编制,报同级人民政府审批。

3. 相关专项规划

相关专项规划是指在特定区域(流域)、特定领域,为体现特定功能,对空间开发保护利用作出的专门安排,是涉及空间利用的专项规划,一般是由自然资源部门或者相关部门来组织编制,可在国家级、省级和市县级层面进行编制。区域(流域)专项规划一般包括对自然保护地、湾区、海岸带、都市圈等区域、流域的空间规划,如《长江三角洲城市群发展规划》《福建省海岸带保护与利用规划》等;特定领域专项规划一般包括对交通、水利、能源、公共服务设施、军事设施、生态修复、环境保护、文物保护、林地湿地等领域的专项规划,如《"十四五"现代综合交通运输体系发展规划》《西安历史文化名城保护规划(2020—2035年)》等。

海岸带、自然保护地等专项规划及跨行政区域或流域的国土空间规划,由所在区域或上一级自然资源主管部门牵头组织编制,报同级政府审批;涉及空间利用的某一领域专项规划,如交通、能源、水利、农业、信息、市政等基础设施、公共服务设施、军事设施以及生态环境保护、文物保护、林业草原等专项规划，由相关主管部门组织编制。相关专项规划可在国家、省和市县层级编制，不同层级、不同地区的专项规划可结合实际选择编制的类型和精度。

三、四个规划运行体系

"四体系"是指国土空间规划的编制审批体系、实施监督体系、法规政策体系和技术标准体系

1. 编制审批体系

编制审批体系强调不同层级、类别规划之间的协调与配合，体现了一级政府一级事权，实现全域全要素规划管控。规划的编制审批体系涉及各级各类规划的编制主体、审批主体和重点内容。根据《中共中央、国务院关于建立国土空间规划体系并监督实施的若干意见》，全国国土空间规划由自然资源部会同相关部门组织编制，由党中央、国务院审定后印发；省级国土空间规划由省级人民政府组织编制，经同级人大常委会审议后报国务院审批；部分重要城市的国土空间总体规划，由市级人民政府组织编制，经同级人大常委会审议后，由省级人民政府报国务院审批；其他市、县及乡镇国土空间规划的审批内容和程序由省级人民政府具体规定。海岸带、自然保护地等专项规划及跨行政区域或流域的国土空间规划，由所在区域或上一级自然资源主管部门牵头组织编制，报同级人民政府审批。国土空间规划的编制审批体系见表3-3。

国土空间规划的编制审批体系　　　　　　　表3-3

"三类"规划	"五级"规划		编制机构	审批机构
总体规划	国家级国土空间规划		自然资源部会同相关部门	党中央、国务院
	省级国土空间规划		省级人民政府	同级人大常委会审议后报国务院审批
	市县乡镇	重要城市国土空间总体规划（国务院审批）	市县级人民政府	同级人大常委会审议后由省级政府报国务院审批
		其他市县和乡镇国土空间规划		由省级政府根据当地实际，明确规划编制审批内容和程序要求
详细规划	城镇开发边界内		市县自然资源主管部门	市县级人民政府
	城镇开发边界外		乡镇人民政府	
相关专项规划	区域（流域）专项规划		自然资源部门或者相关主管部门	同级政府，批复后统一纳入国土空间"一张图"
	特定领域专项规划			

各级各类国土空间规划应按照谁组织编制、谁负责实施的原则进行编制和管理，明确规划约束性指标和刚性管控要求，提出指导性要求，同时制定实施规划的政策措施，提出下级国土空间总体规划和相关专项规划、详细规划的分解落实要求，健全规划实施传导机制，确保规划能用、管用、好用。国土空间总体规划要统筹和综合平衡各相关专项领域的空间需求；详细规划要依据经批准的国土空间总体规划进行编制和修改；相关专项规划要遵循国土空间总体规划，不得违背总体规划中的强制性内容，其主要内容要纳入详细规划。

国土空间规划应推进"放管服"改革。以"多规合一"为基础，统筹规划、建设、管理三大环

节,推动"多审合一""多证合一"。优化现行建设项目用地(海)预审、选址规划以及建设用地规划许可、建设工程规划许可等审批流程,提高审批效能和监管服务水平。

2. 实施监督体系

国土空间规划实施监督体系是确保规划有效执行的核心,强调规划的法律约束力与稳定性,除非国家发生重大战略调整,且原规划作出适应性改变后形成的新规划经法定程序审议通过,否则不得修改。国土空间规划体系要求各级规划上下协同,专项规划与总体规划一致,所有开发遵循规划先决原则,禁止额外空间规划;审批流程优化,实行分级审查制,缩短审批周期,利用信息化手段提升规划协同性与审批效率,特别是对重点城市规划项目的国家级审批;用途管制制度按规划分区分类实施,区别城镇内外管制方式,对特殊生态区域实施特别保护,同时允许地方灵活制定适宜管制政策,促进管理能力与方法的提升和创新;监督机制依托信息平台,进行动态监测以评估规划实施情况,将自然资源纳入执法督察范围,结合评估与社会发展动态调适规划;"放管服"改革推进"多规合一",整合规划、建设、管理,实现"多审合一"、"多证合一",优化建设项目审批流程,提升服务效率,为项目快速推进创造有利条件。实施监督体系确保了国土空间规划的科学实施、高效监管与适应性调整,促进了经济社会的可持续发展。

3. 法规政策体系

随着国土空间规划体系建构和国土空间规划编制工作的推进,国家层面的国土空间规划立法刻不容缓,我国自然资源部正在加快《国土空间规划法》《国土空间开发保护法》等国土空间规划相关法律法规的制定工作,梳理与国土空间规划相关的现行法律法规和部门规章,对"多规合一"改革涉及突破现行法律法规的内容和条款,按程序报批,取得授权后施行,并做好过渡时期的法律法规衔接。完善适应主体功能区要求的配套政策,保障国土空间规划有效实施。

4. 技术标准体系

国土空间规划技术标准体系由基础通用、编制审批、实施监督、信息技术四种类型的标准组成(图3-2)。

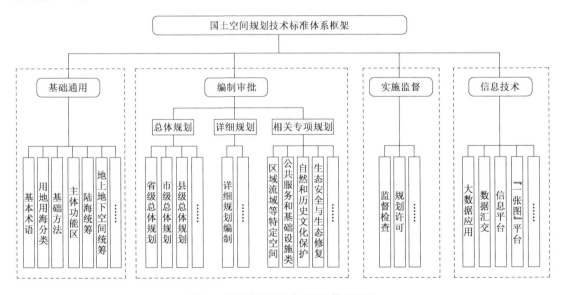

图3-2 国土空间规划技术标准体系框架

(1)基础通用类标准。

基础通用类标准主要适用于国土空间规划编制审批实施监督全流程的相关标准规范,具备基础性和普适性特点。该类标准可用于支撑国土空间规划全流程管理,同时也可作为其他相关标准的基础,具有广泛指导意义。基础通用类标准包括基本术语、用地用海、主体功能区、陆海统筹等方面的基础标准。

(2)编制审批类标准。

编制审批类标准主要是支撑国土空间总体规划、详细规划和相关专项规划编制或审批的技术方法和衔接要求。编制审批类标准应围绕已印发的省级、市级国土空间规划编制指南(含试行方案),制定省(市、县)级国土空间规划编制技术规程,研制详细规划编制技术规程,规范详细规划编制相关细则,并制定适用于特定区域(流域)、特定功能区、相关空间规划专题要素类等方面的技术标准,强化对各类专项规划的指导约束作用。

(3)实施监督类标准。

实施监督类标准主要适用于各类空间规划在实施管理、监督检查等方面的相关标准规范,强调规划用途管制和过程监督。

(4)信息技术类标准。

信息技术类标准主要是与建立全国统一的国土空间基础信息平台有关的标准规范,体现新时代国土空间规划的信息化、数字化、智慧化水平。以实景三维中国建设数据为基底,以自然资源调查监测数据为基础,采用国家统一的测绘基准和测绘系统,整合各类空间关联数据,明确空间数据采集和数据汇交方式,并制定国土空间规划一张图实施监督系统技术规范,统一信息平台建设、管理、维护、应用与服务。

《国土空间规划技术标准体系建设三年行动计划(2021—2023年)》提出:到2023年,多规合一、统筹协调、包容开放、科学适用的国土空间规划技术标准体系基本建立,覆盖国土空间规划编制、审批、实施、监督、技术、方法、管理、信息平台等各方面(表3-4)。

国土空间规划技术标准文件　　　　　　　　表3-4

序号	标准名称	标准类型	标准状态
一、基础通用类			
1	《国土空间规划术语》	国家标准	暂未发布
2	《国土空间调查、规划、用途管制用地用海分类指南》	国家标准	已发布
3	《国土空间规划制图规范》	国家标准	暂未发布
4	《资源环境承载能力和国土空间开发适宜性评价技术指南》	国家标准	已发布
5	《主体功能区优化完善技术指南》(TD/T 1087—2023)	行业标准	试行发布
6	《国土空间规划城市设计指南》(TD/T 1065—2021)	行业标准	已发布
7	《社区生活圈规划技术指南》(TD/T 1062—2021)	行业标准	已发布
8	《城区范围确定规程》(TD/T 1064—2021)	行业标准	已发布
9	其他		

续上表

序号	标准名称	标准类型	标准状态
二、编制审批类			
1. 总体规划标准			
1	《省级国土空间规划编制技术规程》(GB/T 43214—2023)	国家标准	已发布
2	《市级国土空间规划编制技术规程(试行)》	行业标准	试行发布
3	《县级国土空间规划编制技术规程》	行业标准	暂未发布
4	《市级国土空间规划制图规范(试行)》	行业标准	试行发布
5	《县级国土空间规划制图规范》	行业标准	暂未发布
6	其他		
2. 详细规划标准			
1	《详细规划编制技术规程》	行业标准	暂未发布
2	其他		
3. 专项规划标准			
1	《都市圈国土空间规划编制规程》	行业标准	报批稿发布
2	《城市更新空间单元规划编制技术导则》	国家标准	暂未发布
3	《国土空间综合防灾规划编制规程》(TD/T 1086—2023)	行业标准	已发布
4	《国土空间历史文化遗产保护规划编制指南》(TD/T 1090—2023)	行业标准	已发布
5	《城乡公共卫生应急空间规划规范》(TD/T 1074—2023)	行业标准	已发布
6	《国土空间规划环境影响评价编制指南》	行业标准	暂未发布
7	其他		
三、实施监督类			
1	《国土空间规划监测评估预警标准》(国土空间规划"一张图"监管体系标准)	国家标准	暂未发布
2	《生态保护红线监测评估预警技术标准》	行业标准	暂未发布
3	《国土空间规划城市体检评估规程》(TD/T 1063—2021)	行业标准	已发布
4	其他		
四、信息技术类			
1	《国土空间规划"一张图"实施监督信息系统技术规范》(GB/T 39972—2021)	国家标准	已发布
2	《国土空间规划城市时空大数据应用基本规定》(TD/T 1073—2023)	行业标准	已发布
3	《市级国土空间总体规划数据库规范(试行)》	行业标准	试行发布
4	《国土空间用途管制数据规范(试行)》	行业标准	试行发布
5	其他		

第三节　国土空间规划编制与管控

一、编制与管控要点

1. 编制要求

(1)体现战略性。全面落实党中央、国务院重大决策部署,体现国家意志和国家发展规划的战略性,自上而下编制各级国土空间规划,对空间发展作出战略性系统性安排。落实国家安全战略、区域协调发展战略和主体功能区战略,明确空间发展目标,优化城镇化格局、农业生产格局、生态保护格局,确定空间发展策略,转变国土空间开发保护方式,提升国土空间开发保护质量和效率。

(2)提高科学性。坚持生态优先、绿色发展,尊重自然规律、经济规律、社会规律和城乡发展规律,因地制宜开展规划编制工作;坚持节约优先、保护优先、自然恢复为主的方针,在资源环境承载能力和国土空间开发适宜性评价的基础上,科学有序统筹布局生态、农业、城镇等功能空间,划定生态保护红线、永久基本农田、城镇开发边界等空间管控边界以及各类海域保护线,强化底线约束,为可持续发展预留空间。坚持山水林田湖草生命共同体理念,加强生态环境分区管治,量水而行,保护生态屏障,构建生态廊道和生态网络,推进生态系统保护和修复工作,依法开展环境影响评价。坚持陆海统筹、区域协调、城乡融合,优化国土空间结构和布局,统筹地上地下空间综合利用,着力完善交通、水利等基础设施和公共服务设施。延续历史文脉,加强风貌管控,突出地域特色。坚持上下结合、社会协同,完善公众参与制度,发挥不同领域专家的作用。运用城市设计、乡村营造、大数据等手段和技术,改进规划方法,提高规划编制水平。

(3)加强协调性。强化国家发展规划的统领作用,强化国土空间规划的基础作用。国土空间总体规划要统筹和综合平衡各相关专项领域的空间需求。详细规划要依据经批准的国土空间总体规划进行编制和修改。相关专项规划要遵循国土空间总体规划,不得违背总体规划强制性内容,其主要内容要纳入详细规划。

(4)注重操作性。按照谁组织编制,谁负责实施的原则,明确各级各类国土空间规划编制和管理的要点。明确规划约束性指标和刚性管控要求,同时提出指导性要求。制定实施规划的政策措施,提出下级国土空间总体规划和相关专项规划、详细规划的分解落实要求,健全规划实施传导机制,确保规划能用、管用、好用。

2. 实施与监管

(1)强化规划权威。规划一经批复,任何部门和个人不得随意修改、违规变更,防止出现换一届党委和政府改一次规划的现象出现。下级国土空间规划要服从上级国土空间规划,相关专项规划、详细规划要服从总体规划;坚持先规划、后实施,不得违反国土空间规划进行各类开发建设活动;坚持"多规合一",不在国土空间规划体系之外另设其他空间规划。相关专项规划的有关技术标准应与国土空间规划衔接。因国家重大战略调整、重大项目建设或行政区划调整等确需修改规划的,须先经规划审批机关同意后,方可按法定程序进行修改。对国土空间规划编制和实施过程中的违规违纪违法行为,要严肃追究责任。

（2）改进规划审批制度。按照谁审批、谁监管的原则,分级建立国土空间规划审查备案制度。精简规划审批内容,管什么就批什么,大幅缩减审批时间。减少国土空间规划需报国务院审批的城市数量,直辖市、计划单列市、省会城市及国务院指定城市的国土空间总体规划由国务院审批。相关专项规划在编制和审查过程中应加强与有关国土空间规划的衔接及对"一张图"的核对,批复后纳入同级国土空间基础信息平台,叠加到国土空间规划"一张图"上。

（3）健全用途管制制度。以国土空间规划为依据,对所有国土空间分区分类实施用途管制。在城镇开发边界内的建设,实行"详细规划+规划许可"的管制方式;在城镇开发边界外的建设,按照主导用途分区,实行"详细规划+规划许可"和"约束指标+分区准入"的管制方式。对以国家公园为主体的自然保护地、重要海域和海岛、重要水源地、文物等实行特殊保护制度。因地制宜制定用途管制制度,为地方管理和创新活动留有空间。

（4）监督规划实施。依托国土空间基础信息平台,建立健全国土空间规划动态监测评估预警和实施监管机制。上级自然资源主管部门要会同有关部门组织对下级国土空间规划中各类管控边界、约束性指标等管控要求的落实情况进行监督检查,将国土空间规划执行情况纳入自然资源执法督察内容。健全资源环境承载能力监测预警长效机制,建立国土空间规划定期评估制度,结合国民经济社会发展实际和规划定期评估结果,对国土空间规划进行动态调整完善。

（5）推进"放管服"改革。以"多规合一"为基础,统筹规划、建设、管理三大环节,推动"多审合一""多证合一"。优化现行建设项目用地(海)预审、选址规划以及建设用地规划许可、建设工程规划许可等审批流程,提高审批效能和监管服务水平。

二、国土空间规划底线原则与"三区三线"

严守生态保护红线、环境质量底线、资源利用上线是我国生态文明建设与国土空间规划中底线原则最重要的体现。

2018年5月,习近平总书记在全国生态环境保护大会上指出:"要加快划定并严守生态保护红线、环境质量底线、资源利用上线三条红线。对突破三条红线、仍然沿用粗放增长模式、吃祖宗饭砸子孙碗的事,绝对不能再干,绝对不允许再干。在生态保护红线方面,要建立严格的管控体系,实现一条红线管控重要生态空间,确保生态功能不降低、面积不减少、性质不改变。在环境质量底线方面,将生态环境质量只能更好、不能变坏作为底线,并在此基础上不断改善,对生态破坏严重、环境质量恶化的区域必须严肃问责。在资源利用上线方面,不仅要考虑人类和当代的需要,也要考虑大自然和后人的需要,把握好自然资源开发利用的度,不要突破自然资源承载能力。"❶

"三区三线"是根据城镇空间、农业空间、生态空间三种类型的空间,分别对应划定的城镇开发边界、永久基本农田保护红线、生态保护红线三条控制线(图3-3)。

---

❶ 引自人民网。

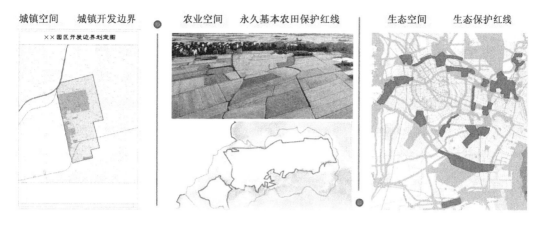

图3-3 "三区三线"示意图

三类空间,既不像两条保护红线那样,是国土空间资源保护的核心区域,又不像城镇开发边界那样,是开发建设项目落地的主要空间载体,所以管控要求和划定方法弹性比较大。在三类空间划定中,需要根据各地区保护重点和发展侧重,对指标进行细化设定,要形成更加符合地方实际的三类空间。而"三线"的划定则可有相应的具体遵循,下文将对"三线"的划定依据及具体落实展开介绍。

1. 城镇开发边界线

城镇开发边界线指的是中心城区的边界而不是市辖区的边界。城镇开发边界是根据地形地貌、自然生态、环境容量和基本农田等因素划定的,是可进行城市开发建设和禁止进行城市开发建设的区域之间的空间界线,是允许城镇建设用地拓展的最大边界。划定城镇开发建设用地与非开发建设用地的分界线,是控制城市无序扩张而采取的一种技术手段和政策措施。划定城镇开发边界,有利于践行生态文明理念,加强生态环境保育和建设;有利于避免大城市无限扩张、中小城市无序发展,促进空间资源合理配置;有利于优化城市空间结构,合理布局城市功能用地;有利于引导地方政府盘活城市用地存量,节约集约用地(图3-4)。

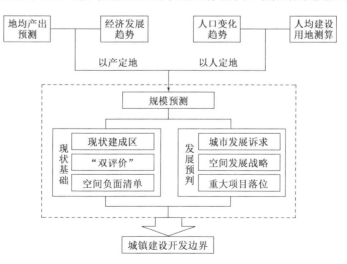

图3-4 城镇开发边界划定技术路线

2. 永久基本农田保护红线

根据《国土资源部关于全面实行永久基本农田特殊保护的通知》(国土资规〔2018〕1号)提出的指导思想,永久基本农田保护工作需要坚持农业农村优先发展战略,坚持最严格的耕地保护制度和最严格的节约用地制度,以守住永久基本农田控制线为目标,以建立健全"划、建、管、补、护"长效机制为重点,巩固划定成果,完善保护措施,提高监管水平,逐步构建形成保护有力、建设有效、管理有序的永久基本农田特殊保护格局。永久基本农田保护红线划定的技术路线如图3-5所示。

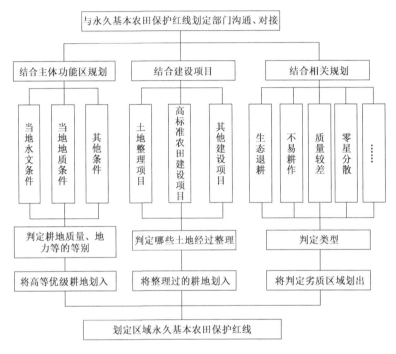

图3-5 永久基本农田保护红线划定技术路线

3. 生态保护红线

根据中共中央办公厅、国务院办公厅印发的《关于划定并严守生态保护红线的若干意见》(厅字〔2017〕2号)中提出的指导思想,划定并严守生态保护红线应以改善生态环境质量为核心,以保障和维护生态功能为主线,按照山水林田湖系统保护的要求,划定并严守生态保护红线,实现一条红线管控重要生态空间,确保生态功能不降低、面积不减少、性质不改变,维护国家生态安全,促进经济社会可持续发展。

《生态保护红线划定指南》(环办生态〔2017〕48号)指出:"生态保护红线原则上按禁止开发区域的要求进行管理。严禁不符合主体功能定位的各类开发活动,严禁任意改变用途,确保生态功能不降低、面积不减少、性质不改变。因国家重大基础设施、重大民生保障项目建设等需要调整的,由省级政府组织论证,提出调整方案,经环境保护部、国家发展改革委会同有关部门提出审核意见后,报国务院批准。"(注:环境保护部已于2018年3月撤销,组建生态环境部。)生态保护红线划定的具体技术路线如图3-6所示。

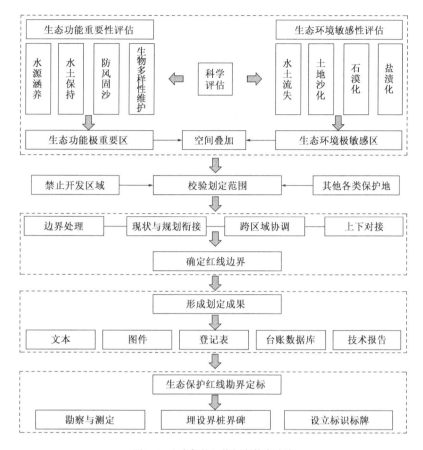

图3-6 生态保护红线划定技术路线

三、"双评价"

1. "双评价"的基本概念

"双评价"指的是"资源环境承载力评价"和"国土空间开发适宜性评价","双评价"也是国土空间规划编制的前提和基础。"双评价"旨在分析区域资源环境禀赋条件,研判国土空间开发利用问题和风险,识别生态系统服务功能极重要和生态极敏感空间,明确农业生产、城镇建设的最大合理规模和适宜空间,为完善主体功能区布局,划定生态保护红线、永久基本农田保护红线、城镇开发边界,优化国土空间开发保护格局,科学编制国土空间规划,实施国土空间用途管制和生态保护修复提供技术支撑,促进形成以生态优先、绿色发展为导向的高质量发展新路径。

资源环境承载能力是基于一定发展阶段、经济技术水平和生产生活方式,一定地域范围内资源环境要素能够支撑的农业生产、城镇建设等人类活动的最大规模。概括地说,资源环境承载力评价就是判断资源(利用)、环境(质量)、生态(基线)、灾害(风险)四类要素状况,定量测度国土空间发展的综合潜力,对人类活动的承载能力以及为人的经济、社会活动提供的生态系统服务能力。因此,资源环境承载能力评价,实际上是对自然资源和生态环境本身相对客观的评价。

国土空间开发适宜性是指在维系生态系统健康的前提下，综合考虑资源环境要素和区位条件，在特定国土空间内进行农业生产、城镇建设等人类活动的适宜程度。国土空间开发适宜性评价主要用于判断国土空间自然条件对城镇（开发）、农业（生产）、生态（保护）三类利用方式的适宜程度，即进行适宜等级的划分，着重在资源保护和开发利用关系、人地关系分析的基础上展开研判。

2. "双评价"的技术流程

"双评价"的总体技术流程为"数据准备-单项评价-集成评价-综合分析"（图3-7）。

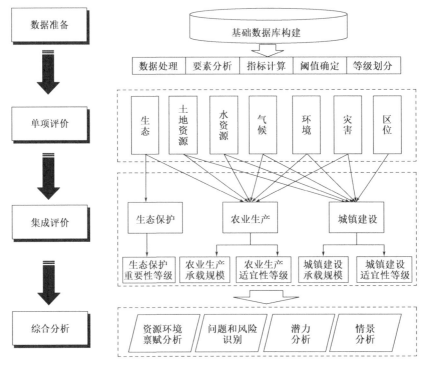

图3-7 "双评价"的技术流程解析

（1）数据准备。在开展"双评价"之前，应先通过数据筛选、转换、集成，构建可靠可比的基础数据库。收集的数据应保证权威性、准确性、时效性，所需数据类型包括基础地理、土地资源、水资源、环境、生态、灾害、气候气象等。

（2）单项评价。对生态保护、农业生产、城镇建设用地分别开展生态、土地资源、水资源、气候、环境、灾害、区位等单项评价（表3-5）。

资源环境承载能力和国土空间开发适宜性评价指标体系表　　表3-5

要素	功能		
	生态保护	农业生产	城镇建设
生态	生态系统服务功能重要性、生态敏感性	盐渍化敏感性	—
土地资源	—	农业耕作条件：坡度、土壤质地	城镇建设条件：坡度、高程、地形起伏度

续上表

要素	功能		
	生态保护	农业生产	城镇建设
水资源	—	农业供水条件:降水量	城镇供水条件:水资源总量模数
气候	—	农业生产气候条件:光热条件	城镇建设气候条件:舒适度
环境	—	农业生产环境条件:土壤环境容量	城镇建设环境条件:大气环境容量、水环境容量
灾害	—	气象灾害风险:干旱、洪涝、寒潮等	灾害危险性:地震危险性、地质灾害易发性、风暴潮灾害危险性
区位	—	—	省级区位优势度:距中心城市的交通距离;市县区位优势度:区位条件、交通网络密度

注:1. 根据区域特征与问题确定相应指标,如内陆地区不涉及海洋相关指标,平原地区不涉及地形起伏度等。
2. 市县级评价可立足本地实际增加评价要素和指标。

(3)集成评价。基于单项评价结果,开展集成评价,优先识别生态系统服务功能极重要和生态极敏感空间,基于一定经济技术水平和生产生活方式,确定农业生产适宜性和承载规模、城镇建设适宜性和承载规模。具体内容包括:①适宜性评价,将生态保护重要性划分为高、较高、中等、较低、低5级,将农业生产、城镇建设适宜性划分为适宜、较适宜、一般适宜、较不适宜、不适宜5级;②承载规模评价,在水土资源不同的约束条件下,缺水地区重点以水平衡为约束,分别评价各评价单元可承载农业生产、城镇建设的最大规模。有条件地区可结合环境质量目标及污染物排放标准和总量控制等因素,补充评价环境容量约束下可承载农业生产、城镇建设的最大规模。

(4)综合分析。对于生态保护,重点进行资源环境禀赋分析、问题和风险识别。对于农业生产和城镇建设重点进行潜力分析:①根据农业生产适宜性评价结果,对农业生产适宜区、较适宜区、一般适宜区内及生态系统服务功能极重要和生态极敏感以外区域,分析土地利用现状结构,按照生态优先、绿色发展、经济可行的原则,结合可承载农业生产的最大规模,分析可开发为耕地的潜力规模和空间布局;②根据城镇建设适宜性评价结果,对城镇建设适宜区、较适宜区、一般适宜区内及生态系统服务功能极重要和生态极敏感以外区域,分析土地利用现状结构,结合可承载城镇建设的最大规模,综合城镇发展阶段、定位、性质、发展目标和相关管理要求,分析可用于城镇建设的潜力规模和空间布局。

3."双评价"的意义

国土空间规划体系是全域全要素的综合性空间规划,需要从空间层面上对地区产业、人口等要素的集聚特征以及资源环境要素的整合效应进行综合把控,国土空间资源的"双评价"可以揭示现状资源环境禀赋的优势与短板,控制区域国土开发强度,调整空间功能布局结构,满足生产空间集约高效、生活空间宜居适度、生态空间山清水秀的发展要求,对国土空间进行分区分类管理,并严格加强用途管制,优化国土空间开发。此外,"双评价"成果从空间上明确指出规划范围内未来生态修复的要点,划定生产、生活、生态空间开发管制界限,明确资源环境承载能力与国土空间开发保护的关系,以对承载能力相应指标的监测结果作为国土空间用途管制的基础与依据。

四、构建国土空间规划"一张图"

2019年7月18日,自然资源部办公厅印发《关于开展国土空间规划"一张图"建设和现状评估工作的通知》,明确提出依托国土空间基础信息平台,全面开展国土空间规划"一张图"建设和市县国土空间开发保护现状评估工作。

1. "一张图"的具体内涵

国土空间规划"一张图"是结合国土空间基础信息平台建立的"'一张现状底图'+'一张规划蓝图'+'一张管理用图'"。

(1)一张现状底图。

一张现状底图是以第三次全国国土调查(简称"三调")成果为基础,采用国家统一的测绘基准和测绘系统(统一采用2000国家大地坐标系和1985国家高程基准作为空间定位基础),整合空间规划所需的相关数据和信息,包括基础测绘、资源调查、资源感知、城乡建设、资源管理、社会数据、经济数据、人口活动、城乡建设等多元数据,通过数据融合、集成、汇总、叠加等过程,形成坐标统一、边界一致的全国范围内的一张底图,并进行定期的时空数据更新,用于支撑国土空间规划编制。

(2)一张规划蓝图。

一张规划蓝图是指在一张现状底图中国土空间规划数据系统基础上,将规划成果通过标准转换、数据匹配、底图一致化等工作,向本级平台入库,并通过在数据库中多重叠加各类国土空间规划成果的图层数据,形成数据图层可分层打开的国土空间规划"一张图",为统一国土空间用途管制、实施建设项目规划许可、强化规划实施监督提供支撑。

(3)一张管理用图。

一张管理用图是指以一张规划蓝图为指导,将各类国土空间开发与保护活动纳入一张管理用图,以实现对国土空间治理的全面监管,促进国土空间规划的实时监测与动态管理工作。

2. "一张图"的建构流程

"一张图"的建构包含四个步骤(图3-8)。

(1)完善现状底图。

第三次全国国土调查成果数据中符合入库要求的直接入库,不能直接入库的各类数据需按照国土空间用途分类进行数据转换,空间关联数据需通过细化与补充调查后才能入库。其他入库数据主要分为四大类:①现状类数据,包括土地利用现状、遥感影像、基础地理信息数据等;②管控类数据,包括土地利用规划、功能区划、专项规划数据等;③管理类数据,包括自然资源确权登记、生态修复、测绘管理数据等;④社会经济类数据,包括社会、经济、人口、产业、行政机构数据等。现状数据可通过图斑处理、图层构建、字段建立、属性赋值、冲突分析、图数核对、优化完善、整合成库等过程,构建数据格式、坐标标准、属性表达等统一的现状底图。

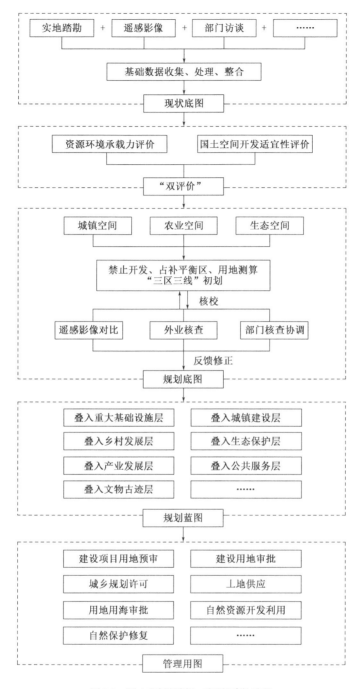

图3-8 国土空间规划"一张图"建构流程

(2)以现状底图为基础,进行"双评价"工作。

通过评价区域资源环境承载能力,根据生态环境保护、农业生产、城镇建设发展的功能导向,划定区域资源环境承载能力等级,总结其环境优势与生态环境发展禀赋条件。通过评价区域国土空间开发适宜性,划定生态保护重要性分区以及农业生产和城镇建设适宜性分区,探测国土空间开发的风险区域,综合分析区域国土空间开发的潜力。"双评价"的成果主要用以指导"三区三线"的划定,形成规划底图。

(3)在规划底图的基础上,开展不同层级的规划工作。

叠加国土空间规划的"五级三类"规划图层,总体规划层面包括国土空间格局、城乡统筹结构、重大基础设施廊道、城镇建设区、地下空间布局、产业发展分区、国土空间综合整治等;详细规划层面包括用地布局、公共服务设施、道路交通规划等要素;相关专项规划包括资源利用类、要素配置类、安全保护类、城市特色类规划等。各地自然资源主管部门在推进省级和市县级国土空间总体规划编制的过程中,将批准的规划成果向本级平台入库,作为详细规划和相关专项规划编制和审批的基础和依据。叠合的要素通过数据集成、处理、融合、校正等步骤,形成统一用地分类标准、统一数据标准和统一事权的规划蓝图。

(4)监督管理信息系统建设。

经核对和审批的详细规划和相关专项规划成果由自然资源主管部门整合叠加后,实现各类空间管控要素精准落地,形成覆盖全国、动态更新、权威统一的全国国土空间规划"一张图",为统一国土空间用途管制、强化规划实施监督提供法定依据。基于国土空间信息平台,定期评估规划目标执行情况、国土空间开发保护现状及其结构、效率,宜居水平,及时针对规划实施过程和成效中出现的有底线突破风险、指标执行不力和疑似违法行为等情况发出预警和警告,为建立健全国土空间规划动态监测评估预警和监管实施机制提供信息化支撑(图3-9)。

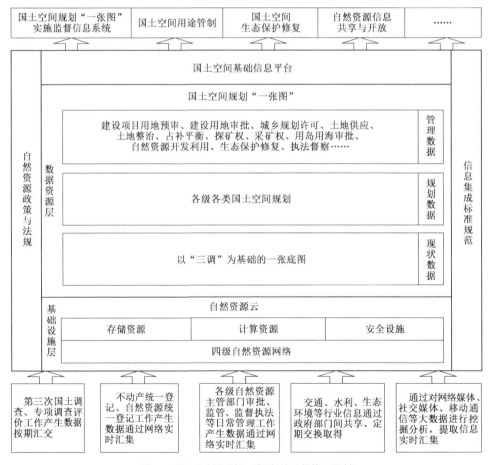

图3-9 国土空间规划"一张图"的监督管理机制

3. "一张图"的实施意义

(1)突出顶层设计引领。

国土空间规划"一张图"是集成整合国土空间规划编制和实施管理所需现状数据、各级各类国土空间规划成果数据和国土空间规划实施监督数据,形成的覆盖全域、动态更新、权威统一的国土空间规划数据体系,以整合各类空间规划、落实"多规合一"、实现"一本蓝图干到底"为目标。

(2)保障科学编制与监管。

国土空间规划"一张图"旨在支撑规划的全生命周期管理,可以使规划者更清楚地了解和掌握国土空间的"家底",辅助开展国土空间分析与评价、识别国土空间开发保护的主要问题,提高规划编制的科学性。"一张图"可为国土空间用途管制、实施建设项目规划许可等国土开发利用、耕地保护和生态修复等规划实施相关业务、空间管控提供工作支撑,如根据国土空间规划中空间控制体系确定的管控要点和管控规则,将生态、永久基本农田、城镇开发边界以及主体功能区、规划分区和用途分类等统一纳入空间管控体系,对规划实施行为开展合规性审查,生成合规性审查"体检表",保障管控底线不被突破。

(3)支撑智慧化建设。

"一张图"深入贯彻落实数字中国的战略部署,把数字化、智能化、智慧化监管平台建设作为国土空间规划体系建设的重要内容,"一张图"的规划方式与理念鼓励融合相关大数据,结合新技术和新手段,构建可感知、善治理和自适应的智慧规划,对于构建智慧城市,提高空间治理能力和治理水平具有支撑作用。

第四章
国土空间用地的分类与使用

第一节 用地分类的标准

一、城市用地分类概述

对土地进行分类是为了更好地利用和管理国土空间资源,使国土空间开发科学、有序、高效。我国早年的土地分类比较混乱,国土资源管理部门、城乡建设部门各有城乡用地分类办法,两个部门的分类标准不一样,造成管理混乱,数据模糊、重复、不一致,给国土空间治理带来很大麻烦。随着"多规合一"的推进以及国土空间规划的实施,我国逐渐规范了国土空间分类的标准,实现了国家、省(区、市)、市县、乡镇范围内标准的统一。

在国土空间规划的土地分类规定出台之前,《城市用地分类与规划建设用地标准》(GB 50137—2011)作为用地分类的规划标准,对城乡规划用地进行了分类。该标准中规定,城乡用地(Town and Country Land)指市(县)域范围内所有土地,包括建设用地与非建设用地,建设用地包括城乡居民点建设用地、区域交通设施用地、区域公用设施用地、特殊用地、采矿用地等;非建设用地包括水域、农林用地以及其他非建设用地等。国土空间规划体系构建完成后,为了在新的系统下进行统一的土地使用规划,2023年11月,自然资源部发布了《国土空间调查、规划、用途管制用地用海分类指南》,该文件遵循了国土空间调查规划、用途管制、用地用海分类、坚持陆海统筹、城乡统筹、地上地下空间统筹的思路,体现耕地保护优先、绿色发展理念,坚持同级内分类并列不交叉,坚持科学、简明、可操作的总体原则,同时融合了土地管理法的要求,还新增了与"海洋资源"有关的海域使用分类,用地用海分类采用三级分类体系。

以下将对《城市用地分类与规划建设用地标准》(GB 50137—2011)和《国土空间调查、规划、用途管制用地用海分类指南》的相关内容进行详述,以便更深入地理解和比较新旧两种用地分类标准。

二、城市建设用地分类

在分析城乡土地类型时,无法忽视城市建设土地的重要性和复杂性。事实上,城市建设土地包括了城市及县级政府所在镇的全部土地(除去非县级政府所在的镇、乡),这些土地用途包括住宅、公共管理和服务、商务服务设施、工业、物流仓储、交通设施、公共设施以及绿地。根据《城市用地分类与规划建设用地标准》(GB 50137—2011),城市建设用地分为8个大类、35个中类和42个小类。具体如表4-1所示。

《城市用地分类与规划建设用地标准》中规定的城市建设用地分类　　表4-1

类别代码			类别名称	内容
大类	中类	小类		
R			居住用地	住宅和相应服务设施的用地
	R1		一类居住用地	设施齐全、环境良好,以低层住宅为主的用地
		R11	住宅用地	住宅建筑用地及其附属道路、停车场、小游园等用地
		R12	服务设施用地	居住小区及小区级以下的幼托、文化、体育、商业、卫生服务、养老助残设施等用地,不包括中小学用地
	R2		二类居住用地	设施较齐全、环境良好,以多、中、高层住宅为主的用地
		R21	住宅用地	住宅建筑用地(含保障性住宅用地)及其附属道路、停车场、小游园等用地
		R22	服务设施用地	居住小区及小区级以下的幼托、文化、体育、商业、卫生服务、养老助残设施等用地,不包括中小学用地
	R3		三类居住用地	设施较欠缺、环境较差,以需要加以改造的简陋住宅为主的用地,包括危房、棚户区、临时住宅等用地
		R31	住宅用地	住宅建筑用地及其附属道路、停车场、小游园等用地
		R32	服务设施用地	居住小区及小区级以下的幼托、文化、体育、商业、卫生服务、养老助残设施等用地,不包括中小学用地
A			公共管理与公共服务设施用地	行政、文化、教育、体育、卫生等机构和设施的用地,不包括居住用地中的服务设施用地
	A1		行政办公用地	党政机关、社会团体、事业单位等办公机构及其相关设施用地
	A2		文化设施用地	图书、展览等公共文化活动设施用地

续上表

类别代码 大类	类别代码 中类	类别代码 小类	类别名称	内容
A	A2	A21	图书展览用地	公共图书馆、博物馆、档案馆、科技馆、纪念馆、美术馆和展览馆、会展中心等设施用地
A	A2	A22	文化活动用地	综合文化活动中心、文化馆、青少年宫、儿童活动中心、老年活动中心等设施用地
A	A3		教育科研用地	高等院校、中等专业学校、中学、小学、科研事业单位及其附属设施用地，包括为学校配建的独立地段的学生生活用地
A	A3	A31	高等院校用地	大学、学院、专科学校、研究生院、电视大学、党校、干部学校及其附属设施用地，包括军事院校用地
A	A3	A32	中等专业学校用地	中等专业学校、技工学校、职业学校等用地，不包括附属于普通中学内的职业高中用地
A	A3	A33	中小学用地	中学、小学用地
A	A3	A34	特殊教育用地	聋、哑、盲人学校及工读学校等用地
A	A3	A35	科研用地	科研事业单位用地
A	A4		体育用地	体育场馆和体育训练基地等用地，不包括学校等机构专用的体育设施用地
A	A4	A41	体育场馆用地	室内外体育运动用地，包括体育场馆、游泳场馆、各类球场及其附属的业余体校等用地
A	A4	A42	体育训练用地	为体育运动专设的训练基地用地
A	A5		医疗卫生用地	医疗、保健、卫生、防疫、康复和急救设施等用地
A	A5	A51	医院用地	综合医院、专科医院、社区卫生服务中心等用地
A	A5	A52	卫生防疫用地	卫生防疫站、专科防治所、检验中心和动物检疫站等用地
A	A5	A53	特殊医疗用地	对环境有特殊要求的传染病、精神病等专科医院用地
A	A5	A59	其他医疗卫生用地	急救中心、血库等用地
A	A6		社会福利用地	为社会提供福利和慈善服务的设施及其附属设施用地，包括福利院、养老院、孤儿院等用地
A	A7		文物古迹用地	具有保护价值的古遗址、古墓葬、古建筑、石窟寺、近代代表性建筑、革命纪念建筑等用地。不包括已作其他用途的文物古迹用地
A	A8		外事用地	外国驻华使馆、领事馆、国际机构及其生活设施等用地
A	A9		宗教用地	宗教活动场所用地
B			商业服务业设施用地	商业、商务、娱乐康体等设施用地，不包括居住用地中的服务设施用地
B	B1		商业用地	商业及餐饮、旅馆等服务业用地
B	B1	B11	零售商业用地	以零售功能为主的商铺、商场、超市、市场等用地
B	B1	B12	批发市场用地	以批发功能为主的市场用地
B	B1	B13	餐饮用地	饭店、餐厅、酒吧等用地
B	B1	B14	旅馆用地	宾馆、旅馆、招待所、服务型公寓、度假村等用地

续上表

类别代码			类别名称	内容
大类	中类	小类		
B	B2		商务用地	金融保险、艺术传媒、技术服务等综合性办公用地
		B21	金融保险用地	银行、证券期货交易所、保险公司等用地
		B22	艺术传媒用地	文艺团体、影视制作、广告传媒等用地
		B29	其他商务用地	贸易、设计、咨询等技术服务办公用地
	B3		娱乐康体用地	娱乐、康体等设施用地
		B31	娱乐用地	剧院、音乐厅、电影院、歌舞厅、网吧以及绿地率小于65%的大型游乐等设施用地
		B32	康体用地	赛马场、高尔夫、溜冰场、跳伞场、摩托车场、射击场，以及通用航空、水上运动的陆域部分等用地
	B4		公用设施营业网点用地	零售加油、加气、电信、邮政等公用设施营业网点用地
		B41	加油加气站用地	零售加油、加气、充电站等用地
		B49	其他公用设施营业网点用地	独立地段的电信、邮政、供水、燃气、供电、供热等其他公用设施营业网点用地
	B9		其他服务设施用地	业余学校、民营培训机构、私人诊所、殡葬、宠物医院、汽车维修站等其他服务设施用地
M			工业用地	工矿企业的生产车间、库房及其附属设施用地，包括专用铁路、码头和附属道路、停车场等用地，不包括露天矿用地
	M1		一类工业用地	对居住和公共环境基本无干扰、污染和安全隐患的工业用地
	M2		二类工业用地	对居住和公共环境有一定干扰、污染和安全隐患的工业用地
	M3		三类工业用地	对居住和公共环境有严重干扰、污染和安全隐患的工业用地
W			物流仓储用地	物资储备、中转、配送等用地，包括附属道路、停车场以及货运公司车队的站场等用地
	W1		一类物流仓储用地	对居住和公共环境基本无干扰、污染和安全隐患的物流仓储用地
	W2		二类物流仓储用地	对居住和公共环境有一定干扰、污染和安全隐患的物流仓储用地
	W3		三类物流仓储用地	易燃、易爆和剧毒等危险品的专用物流仓储用地
S			道路与交通设施用地	城市道路、交通设施等用地，不包括居住用地、工业用地等内部的道路、停车场等用地
	S1		城市道路用地	快速路、主干路、次干路和支路等用地，包括其交叉口用地
	S2		城市轨道交通用地	独立地段的城市轨道交通地面以上部分的线路、站点用地
	S3		交通枢纽用地	铁路客货运站、公路长途客运站、港口客运码头、公交枢纽及其附属设施用地

续上表

类别代码			类别名称	内容
大类	中类	小类		
S			交通场站用地	交通服务设施用地,不包括交通指挥中心、交通队用地
	S4	S41	公共交通场站用地	城市轨道交通车辆基地及附属设施,公共汽(电)车首末站、停车场(库)、保养场,出租汽车场站设施等用地,以及轮渡、缆车、索道等的地面部分及其附属设施用地
		S42	社会停车场用地	独立地段的公共停车场和停车库用地,不包括其他各类用地配建的停车场和停车库用地
	S9		其他交通设施用地	除以上之外的交通设施用地,包括教练场等用地
U			公用设施用地	供应、环境、安全等设施用地
	U1		供应设施用地	供水、供电、供燃气和供热等设施用地
		U11	供水用地	城市取水设施、自来水厂、再生水厂、加压泵站、高位水池等设施用地
		U12	供电用地	变电站、开闭所、变配电所等设施用地,不包括电厂用地。高压走廊下规定的控制范围内的用地应按其地面实际用途归类
		U13	供燃气用地	分输站、门站、储气站、加气母站、液化石油气储配站、灌瓶站和地面输气管廊等设施用地,不包括制气厂用地
		U14	供热用地	集中供热锅炉房、热力站、换热站和地面输热管廊等设施用地
		U15	通信用地	邮政中心局、邮政支局、邮件处理中心、电信局、移动基站、微波站等设施用地
		U16	广播电视用地	广播电视的发射、传输和监测设施用地,包括无线电收信区、发信区以及广播电视发射台、转播台、差转台、监测站等设施用地
	U2		环境设施用地	雨水、污水、固体废物处理等环境保护设施及其附属设施用地
		U21	排水用地	雨水泵站、污水泵站、污水处理、污泥处理厂等设施及其附属的构筑物用地,不包括排水河渠用地
		U22	环卫用地	生活垃圾、医疗垃圾、危险废物处理(置),以及垃圾转运、公厕、车辆清洗、环卫车辆停放修理等设施用地
	U3		安全设施用地	消防、防洪等保卫城市安全的公用设施及其附属设施用地
		U31	消防用地	消防站、消防通信及指挥训练中心等设施用地
		U32	防洪用地	防洪堤、防洪枢纽、排洪沟渠等设施用地
	U9		其他公用设施用地	除以上之外的公用设施用地,包括施工、养护、维修等设施用地
G			绿地与广场用地	公园绿地、防护绿地、广场等公共开放空间用地
	G1		公园绿地	向公众开放,以游憩为主要功能,兼具生态、美化、防灾等作用的绿地
	G2		防护绿地	具有卫生、隔离和安全防护功能的绿地
	G3		广场用地	以游憩、纪念、集会和避险等功能为主的城市公共活动场地

三、国土空间用地用海分类

2023年11月,自然资源部印发《国土空间调查、规划、用途管制用地用海分类指南》,作为国土空间规划中用地用海分类的参考标准。该指南建立了国土空间用地用海分类的整体架构,明确了各类用途的代号、名称和解释,采用三级分类体系,设置24个一级类及相应的若干二级类和三级类。国土空间总体规划原则上以一级类为主,可细分至二级类;国土空间详细规划和市县层级涉及空间利用的相关专项规划,原则上使用二级类和三级类。具体分类内容如下(表4-2)。

《国土空间调查规划、用途管制用地用海分类指南》中规定的用地用海分类名称、代码　表4-2

一级类		二级类		三级类	
代码	名称	代码	名称	代码	名称
01	耕地	0101	水田		
		0102	水浇地		
		0103	旱地		
02	园地	0201	果园		
		0202	茶园		
		0203	橡胶园地		
		0204	油料园地		
		0205	其他园地		
03	林地	0301	乔木林地		
		0302	竹林地		
		0303	灌木林地		
		0304	其他林地		
04	草地	0401	天然牧草地		
		0402	人工牧草地		
		0403	其他草地		
05	湿地	0501	森林沼泽		
		0502	灌丛沼泽		
		0503	沼泽草地		
		0504	其他沼泽地		
		0505	沿海滩涂		
		0506	内陆滩涂		
		0507	红树林地		
06	农业设施建设用地	0601	农村道路	060101	村道用地
				060102	田间道
		0602	设施农用地	060201	种植设施建设用地

续上表

一级类		二级类		三级类	
代码	名称	代码	名称	代码	名称
06	农业设施建设用地	0602	设施农用地	060202	畜禽养殖设施建设用地
				060203	水产养殖设施建设用地
07	居住用地	0701	城镇住宅用地	070101	一类城镇住宅用地
				070102	二类城镇住宅用地
				070103	三类城镇住宅用地
		0702	城镇社区服务设施用地		
		0703	农村宅基地	070301	一类农村宅基地
				070302	二类农村宅基地
		0704	农村社区服务设施用地		
08	公共管理与公共服务用地	0801	机关团体用地		
		0802	科研用地		
		0803	文化用地	080301	图书与展览用地
				080302	文化活动用地
		0804	教育用地	080401	高等教育用地
				080402	中等职业教育用地
				080403	中小学用地
				080404	幼儿园用地
				080405	其他教育用地
		0805	体育用地	080501	体育场馆用地
				080502	体育训练用地
		0806	医疗卫生用地	080601	医院用地
				080602	基层医疗卫生设施用地
				080603	公共卫生用地
		0807	社会福利用地	080701	老年人社会福利用地
				080702	儿童社会福利用地
				080703	残疾人社会福利用地
				080704	其他社会福利用地
09	商业服务业用地	0901	商业用地	090101	零售商业用地
				090102	批发市场用地
				090103	餐饮用地
				090104	旅馆用地
				090105	公用设施营业网点用地
		0902	商务金融用地		

续上表

一级类		二级类		三级类	
代码	名称	代码	名称	代码	名称
09	商业服务业用地	0903	娱乐用地		
		0904	其他商业服务业用地		
10	工矿用地	1001	工业用地	100101	一类工业用地
				100102	二类工业用地
				100103	三类工业用地
		1002	采矿用地		
		1003	盐田		
11	仓储用地	1101	物流仓储用地	110101	一类物流仓储用地
				110102	二类物流仓储用地
				110103	三类物流仓储用地
		1102	储备库用地		
12	交通运输用地	1201	铁路用地		
		1202	公路用地		
		1203	机场用地		
		1204	港口码头用地		
		1205	管道运输用地		
		1206	城市轨道交通用地		
		1207	城镇村道路用地		
		1208	交通场站用地	120801	对外交通场站用地
				120802	公共交通场站用地
				120803	社会停车场用地
		1209	其他交通设施用地		
13	公用设施用地	1301	供水用地		
		1302	排水用地		
		1303	供电用地		
		1304	供燃气用地		
		1305	供热用地		
		1306	通信用地		
		1307	邮政用地		
		1308	广播电视设施用地		
		1309	环卫用地		
		1310	消防用地		
		1311	水工设施用地		

续上表

一级类		二级类		三级类	
代码	名称	代码	名称	代码	名称
13	公用设施用地	1312	其他公用设施用地		
14	绿地与开敞空间用地	1401	公园绿地		
		1402	防护绿地		
		1403	广场用地		
15	特殊用地	1501	军事设施用地		
		1502	使领馆用地		
		1503	宗教用地		
		1504	文物古迹用地		
		1505	监教场所用地		
		1506	殡葬用地		
		1507	其他特殊用地		
16	留白用地				
17	陆地水域	1701	河流水面		
		1702	湖泊水面		
		1703	水库水面		
		1704	坑塘水面		
		1705	沟渠		
		1706	冰川及常年积雪		
18	渔业用海	1801	渔业基础设施用海		
		1802	增养殖用海		
		1803	捕捞海域		
		1804	农林牧业用岛		
19	工矿通信用海	1901	工业用海		
		1902	盐田用海		
		1903	固体矿产用海		
		1904	油气用海		
		1905	可再生能源用海		
		1906	海底电缆管道用海		
20	交通运输用海	2001	港口用海		
		2002	航运用海		
		2003	路桥隧道用海		
		2004	机场用海		
		2005	其他交通运输用海		

续上表

一级类		二级类		三级类	
代码	名称	代码	名称	代码	名称
21	游憩用海	2101	风景旅游用海		
		2102	文体休闲娱乐用海		
22	特殊用海	2201	军事用海		
		2202	科研教育用海		
		2203	海洋保护修复及海岸防护工程用海		
		2204	排污倾倒用海		
		2205	水下文物保护用海		
		2206	其他特殊用海		
23	其他土地	2301	空闲地		
		2302	后备耕地		
		2303	田坎		
		2304	盐碱地		
		2305	沙地		
		2306	裸土地		
		2307	裸岩石砾地		
24	其他海域				

第二节　城市用地的评价与选择

一、建设用地的自然条件评价

对于城市和乡村建设地的自然环境评估内容主要包括工程地质、水文、气候以及地形等关键要素。以下将针对工程地质条件以及气候条件对城市建设的影响展开介绍。

1. 工程地质条件

工程地质条件主要是对土质与地基承载力的描述。土质与地基承载力直接关系到城市建设的安全。不同的土质，如碎石、角砾、黏土、粗砂、中砂、细砂等，具有不同的承载力，还有些土具有遇水膨胀或遇水收缩的性质，这些都与工程建设密切相关。

（1）地形条件。

城市的山水格局、地形地势对城市的空间格局影响很大，如图4-1所示，而不同类别的城市用地对坡度要求也不同，具体可见《城市用地竖向规划规范》(CJJ 83—2016)。

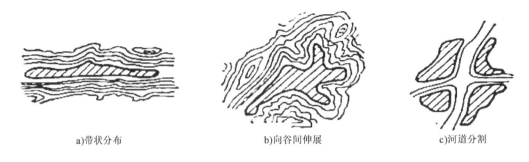

a)带状分布　　　　　b)向谷间伸展　　　　　c)河道分割

图4-1　地形对城市平面形态的影响

(2)地震风险。

地震对城市的破坏力巨大,唐山地震、汶川地震均给我国造成了巨大的损失,所以在城市建设时一定要尽量查明地震断裂带分布情况,以避开地震断裂带,按照所在地区设计烈度建造建筑等工程设施。

(3)其他地形条件与地质情况(图4-2)。

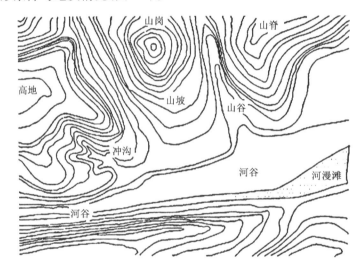

图4-2　城市原始地形条件与地质情况示意图

除地震外,还有许多其他可以产生重大影响的地质灾害,如滑坡、崩塌、冲沟、岩溶等。城市的水源、航运、河岸侵蚀和沉积物均受到河流水系影响。另外,地下水水位和矿化程度也会从地质条件层面影响城市的发展。例如,如果地下水位过高,会对工程建设带来不利影响,需要人为将其适当控制或采取排水措施;过度开采地下水也是城市建设发展中的一大问题,如华北平原城市中屡次发生了地面沉降(即漏斗效应),这就是过度开采地下水的后果。

2. 气候条件

(1)风的属性。

风的实质为空气的平面流动,主要是通过风向(即风从何处来)与风速(风在单位时间内流动的距离)两个要素来定义的。风向频次是指在一定时间段内观察或统计到的特定风向出现的次数与该时间段内观察或统计到的所有风向出现总次数之间的比例;而平均风速则是指每种风向的风速平均值。根据城市多年的风向观测统计记录,可画出风向频次图和平均风速图,二者的组合被称为风玫瑰图(图4-3)。风玫瑰图在城市规划中起到基础参考的作用。由于气候的差异,各城市、地区的气象条件也不尽相同,其对应的风玫瑰图也是不一样的,即使是一个城市内,不同的区域也可能有不同的风向频率,例如宁波市三江片区、北仑区、镇海区就有很大的差别(图4-4)。风对城市的布局及空气污染疏散至关重要,城市风廊道的建设亦是城市规划须关注的重要问题,如广州白云新城在规划阶段就进行了风廊的规划研究。

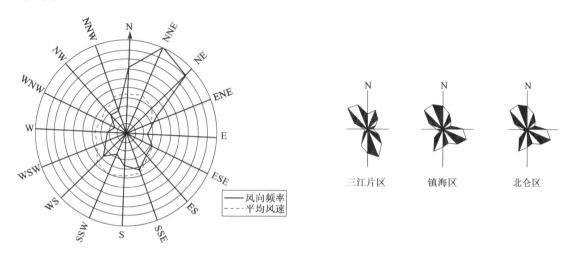

图4-3　某城市地区累年风向频率、平均风速图　　　图4-4　宁波市不同片区的风玫瑰图

(2)太阳辐射、气温、降水。

太阳辐射影响建筑的朝向、间距、遮阳设施等的设置。由于太阳高度角的不同,哈尔滨在大寒日日照2小时的要求下,需要2.15的日照间距系数,而该系数在杭州仅为1.17。气温、降水对城市风貌的影响巨大,东北地区城市建设的保温要求非常高,而海南地区则尽量采用大开窗、大遮阳的设计。

二、建设用地的适用性评定

根据自然环境条件评价工地作为建设用地的适用性时,需要考虑生态系统的需求和城镇建设规划的要求,并且要对土地使用的功能以及工程的适用性、效益性和可实施性进行全面的评估(图4-5)。

建设用地的适用性评定是对土地的自然条件进行综合评价而得出的,一般采用层层叠加的方法,把各单项评价要素累积起来。我国一般将城市用地的适用性评定分为如下三类。

一类用地是指其自然条件和工程地质条件非常理想,可以满足多种城市设施建设的需求,通常无须或只需采取一些简单的工程措施就能直接用于建设。

二类用地是指必须借助某些工程方案改进其状态才能进行建设的土地,对于城市设施和工程项目的分布,存在特定的约束条件。

三类用地是指不适合建设的土地,或是在使用现代工程技术的条件下也几乎无法建设的土地。

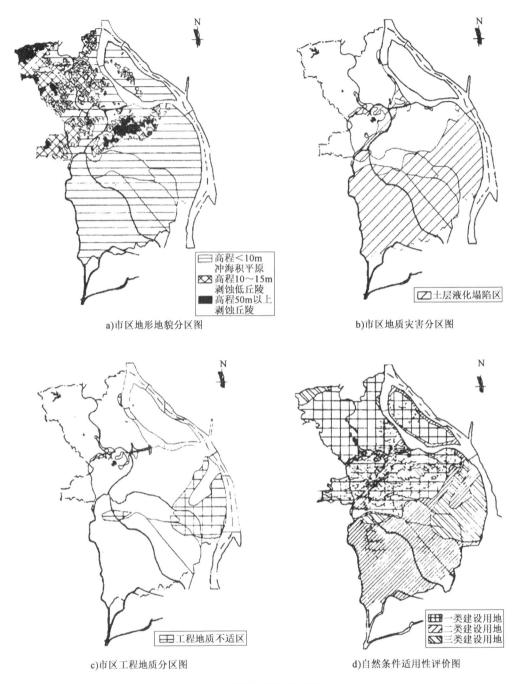

图 4-5 城市用地适用性评定

三、建设用地的选择

城市用地位置的确定是在城市土地适用性评估的基础上进行的,兼顾城市设备对环境的需求、城市设计的布局及土地组织的要求,在建设区域、受限制的建设区和已经建设的区域中确定出符合城市大小和性质的建设用地。

城市选定建设用地的影响因素可总结如下。

（1）依据建设和使用的实际需要考虑是否能够进行拆迁、应搬迁人口的数量、有必要保留的先验价值，如历史街区、历史建筑等。

（2）大规模基础设施是否会对城市发展产生直接影响，大规模基础设施包括高速公路和铁路以及重要的水利和能源设施等。比如高速公路可能促进城市的发展，但同时也可能导致城市空间被割裂。

（3）地域关系也具有重要影响，以长三角地区为例，以上海为中心的长三角城市集群中，城市往往优先向上海方向拓展，试图压缩自身与上海间的通行时间。

（4）城市基础设施的配置也要考虑，包括城市的建设规模、经济投入、建设周期需要和关键基础设施的容量，比如供水、供电、供气、供热设施以及交通基础设施等。

（5）其他因素，例如社会问题（产权和宗教等）、历史文化的传承、生态环境的保护、重要城市活动的举办（例如亚运会、世博会等）等都是影响城市用地选择的重要因素。

第三节　不同类型土地的使用与规划

土地使用是城乡规划最基本的内容。在国土空间规划体系中，不同层级、类别规划中相同范围的土地使用要求无缝衔接，改变以前统计口径不一、数据有出入的混乱局面。城市的各种功能依赖于土地的恰当使用和利用，包括各种类型的建筑，各个级别的道路和各类设施，例如供水厂、污水处理厂、垃圾处理厂、电力厂以及与之相关的附加设施和管线网络。另外，城市的公园、绿地以及城市内的河流和湖泊等水系也需要在土地空间中进行合理规划和布置，才能实现城市功能的有机协调。土地使用规划是在可供建设的土地范围内，确认土地性质（包括用途）和强度（如建筑密度和容积率）以及建筑形状（如后退线和高度）。对于某些土地的规划，会有特殊的需求，比如需使用防火建筑材料，需注意与城市景观的视觉协调以及保留传统风貌等。如果没有土地的有效使用和利用，城乡规划就没有扎实的根基支撑其落地实施。因此，土地的使用是城市规划管理的根本依据，也是确定城市土地等级以及转让土地使用权的关键依据。

在城乡居民点不同范围规模的用地分类中存在着按照大类、中类、小类不同等级的划分方式。使用同一名称但位于不同范围的用地所表达的内容是不同的。例如，城市建设用地、镇（乡）用地、村庄用地里，居住用地的含义就各不相同；又如全市性的道路用地与居住区内的道路用地、全市性的商业服务设施用地与社区中的商业服务设施用地也属于不同类别。各种类型的用地应在经济、社会、环境等因素的影响下按照一定的规律进行科学规划，形成独立功能区或混合功能区。

本教材着重以城市各地块支撑的城市活动为依据，把城市用地的职能区分为六大主要类目：住区、产业区、仓储区、绿地区、公务管理和公共服务设施区以及商务服务设施区，并就如何对这些用地的合理规划进行说明。

一、居住用地的选址与布局

居住用地除包括各种房屋的建设地之外，还包括了为服务住宅的各种辅助设施用地，比如居住区内的道路、公园设施、学校设施以及商业服务设施用地等。因此，在城市规划中，居住用地并不单纯指的是住宅房屋所占的土地，而是包括以上所有服务住宅的设施所占土地的总和。鉴于居住是城市的最基础功能,故居住用地在城市土地中占比相当高。根据我国目前建设用地的标准,每个居民所占的居住用地面积被限制在28~38m²/人(面向Ⅰ、Ⅱ、Ⅵ、Ⅶ气候区)和23~36m²/人(面向Ⅲ、Ⅳ、Ⅴ气候区)之间;居住用地在城市土地中所占的比例大约在25%~40%之间。居住用地和工业区、商务区等工作中心之间需要保持紧密的联系,但是需要避免受到其干扰,特别是需要对产生污染更严重的工业区进行有效的隔离。

选择居住地点是每个生活在城市中的居民必须做出的选择,其中涉及的需求不外乎关于安全、舒适、便捷、经济、社会交往等方面,同时这些考虑还要照顾到家庭中的每一个成员,例如:靠近具有良好教育质量的学校,有可供通勤、购物、娱乐等活动的便捷交通条件,物质环境良好的社区,便于老年人与儿童活动的设施,优良的治安环境,具有相近的价值观和文化背景的邻居以及房租或住宅价格因素等。

在分析和掌握居住用地在城市中的分布特征后,城市规划要明确居住用地以何种方式分布在城市中具体的区位。换言之,城市规划需要遵循居住用地的分布规律,并按照既定的规划方针将城市发展所需要增加(或转变)的居住用地落实到具体的空间中去。虽然由于每个城市的具体情况不同,居住用地在不同城市中的布局呈现出多种多样的形态,如集中式布局、组群式布局、组团式布局、沿交通轴布局(图4-6)等,但基本上应遵循以下原则。

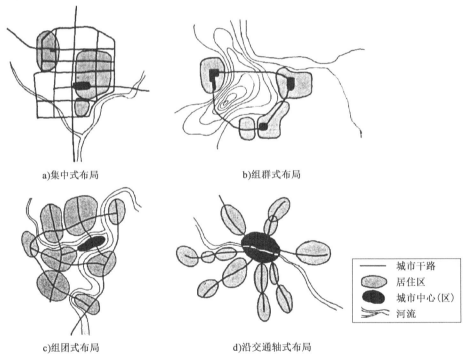

图4-6 几种不同类型的城市居住用地分布
资料来源:《城市规划》,谭纵波著。

首先,居住用地规划需要考虑职住平衡问题,既要考虑构建一定规模的社区,同时要确保其接近工作地。因此,规划不应使其过度分散,也不应使其在市区的某一个地方过度密集。在城市规模较小、土地资源充足且无地形等制约的情况下,住宅区与商务综合区可以一起布置在城市中心附近的位置。但随着城市规模的扩大,城市功能复杂性和城市用地限制的增加,住宅区更倾向于与其他土地使用类型布置在一起,形成相对分散的组团式布局(图4-6)。

再者,住宅区在城市建设中占有较大比重,这就决定了住宅区的布局方式应与城市整体布局方式相协调。在一些城市设计中,住宅区可能会与其他功能区域联合形成群体或区域,或者单独成为以居住为主导的群体。一些被称为"卧城"的卫星城,是这种布局方式的典型代表。

二、工业用地的选址与布局

工业产业的发展,促进了近现代城市的崛起和发展。它不单单为城市经济运转打下了坚实的基础,还充当了经济驱动器的角色,成为了主要的劳动力吸纳平台。城市内的工业生产常常占据庞大的土地资源,涉及的交通流主要包括原材料和产品运输等货流以及居民通勤等人流,同时也造成了各种程度的城市环境问题,如废气、废水、废渣和噪声排放。因此,工业土地是支撑城市主要生产活动的重要载体,构成了城市土地利用的主导部分。《城市用地分类与规划建设用地标准》(GB 50137—2011)根据工业用地带来的污染和干扰强度程度的不同将其分为一类工业用地,二类工业用地和三类工业用地,同时,相关规划指导建议工业土地在城市建设用地中的合理占比为15%~30%。

会产生重度污染的工业区通常会被配置在城市的背风向或下游区域,这些地方位于城市的周边或郊区,同时需要将它们与居民区进行有效隔离,以防污染传播。

另外,选择工业用地的决定因素主要来自工业生产本身的需求,包含土地利用条件、交通运输设施、能源供应、水资源以及劳动力获取的可行性等因素。具体包括:

(1)就地形、水文地理和建设项目的性质、规模大小等而言,常规的工业用地需求是地势较平坦(用地坡度在2%~5%之间)、承载力优秀(达到$1.5kg/cm^2$)、没有面临洪水威胁以及地块的大小和形态能够配合生产流程的需求。

(2)工业生产需求的水源和能源供应可以获得,并且数量充裕,适合工业生产使用,尤其对于那些需大量用水、电或热能的工业部门,应在规划时对此类需求更加关注。

(3)货物转运的高效性。工业用地位于接近公路、铁道、港口及机场的地点,有助于节省大宗商品运输成本。在货物运输量能达到一定的规模时(运输总重超过10万t/年或者单一商品的运输重量达到或超过5t/年),可以考虑策划专用铁路线。

(4)补充规定。应确保工业区与城市住宅区之间的道路畅通无阻,并具备便于通勤的公共交通线路。同时,工业用地应在创造经济价值的同时,避免对生态脆弱地带及各类重要设施产生影响。

因此,确定工业用地布局最重要的依据是该地是否与其周围的用地相协调,并且需要留有继续发展的余地。根据工业用地在城市内的相对地理位置,可以将布局模式分为如下类别(表4-3、图4-7)。

不同类别的工业用地布局模式 表4-3

序号	类型	用地特征
1	城市中的工业用地	一般来说,那些无污染、运量不大、需要大量劳动力并且附加值高的工业产业更倾向于在城市中以相对分散的方式存在,和其他类型的用地交错布置,构成具有混合功能的区域
2	位于城市边缘的工业用地	这类工业产业倾向于在城市周边地区形成相对密集的工业区,因为在这种地理位置产生的污染和影响对城市的干扰较小,并且这类产业的占地和运输需求较大。如此一来,既能避免与城市其他用途的土地产生冲突,又能较易获取价格较低的土地且有更大的扩展空间

续上表

序号	类型	用地特征
3	相对独立的工业用地	由于资源分布、土地资源的限制以及政策的影响,部分工业区域会选择远离城市的位置,建立独立的工业区域、工业集群或工业园区,例如矿业城市里的各种矿业集团、工业园区开发区等。同时,生产易燃、易爆、有毒的工业产品的企业为了与城市主体保持适当的距离,通常也会单独设立工业区。当这些独立的工业区域达到一定规模时,一般会配备相应的生活设施,并有通向城市中心的主干道路

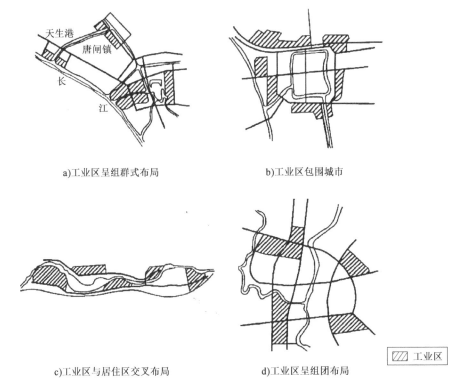

图4-7 工业用地在城市中的布局
资料来源:《城市规划》,谭纵波著。

三、仓储用地的选址与布局

仓储用地是城市中专门用来储存物资的土地,并未包括企业内部用以储藏生产原材料或产品的库房或对外交通设施中附设的仓储设施用地。我国现行的城市土地使用标准把库房用地划分为三种:普通库房用地、有害物品共储用地以及堆积场地。仓储用地的规划需求与工业用地有着一定的相似性,例如,均需要有大面积的场地、便捷的交通运输条件以及需要考虑部分污染物和危险物品的存储需求等。但两者之间也有很大的不同,仓储用地中的工作人员相对较少,且仓储用地不需要大量的水源及能源。

在选择适宜的储存地点时,最重要的是确保其具有必需的条件,例如,具有高且平坦的地形、有利于排水的地面坡度、较低的地下水位、较强的地面承重能力以及便捷的交通条件等。此外,各类不同性质的储存场地应设在各自对应的地域。

与城市生产和生活紧密关联的仓储用地,如为本市提供服务的综合供应仓库和商业设施仓库,通常设置于城市中心交通便利的地段,方便进行货物配送服务。另一方面,与城市日常生产和生活关联程度较低的仓储设施,如战略储备仓库和中转仓库,可以考虑建设于城市的郊区,并且与城市的外部交通设施相结合。因为仓库设施和存储物品对其周边环境有一定影响,所以规划中应确保在仓库用地与居住用地之间有适当的卫生防护距离。此外,储存危险品的仓库应单独设立,并且必须和城市其他用地保持充分的安全距离。

四、城市绿地的选址与布局

根据《国土空间调查、规划、用途管制用地用海分类指南》,绿地与开敞空间用地分为公园绿地、防护绿地、广场用地三类。我国的城市建设用地标准规定,绿地占城市建设用地总面积的比例应在10.0%~15.0%之间,还应确保规划人均绿地面积不低于10.0m^2,人均公园绿地面积不应小于8.0m^2。可见,公园绿地是最主要、占比最大的城市绿地类型。

随着生态文明时代的到来,城镇规划必须竭尽全力令城市与自然环境保持平衡,寻找一种使人类与自然能够共享繁荣、和平共生的方式。在城市之中,绿色空间作为一种宜赏、宜居、宜游的风景元素,对于建设一个生态友好、可持续发展的城市环境,保障居民的身心健康有着重要影响,这也是城市生存与发展所需的"呼吸之源"。

从土地利用的角度来看,城市中未被建筑物占据的土地,包括公园、道路、广场、水面,以及企业和居民的私有绿地和庭院等,都可以被视为广泛意义上的"开放空间"(open space)。建筑遮蔽地和开放空间构成了城市土地利用的结构。公园、绿道、广场等绿地是城市开放空间的主要组成部分,它们具备为市民提供休息和游览空间、改变城市环境和形象、对抗城市自然灾害、提供农林产品等多种功能。其中,部分功能是绿地本身即具备的功能,如维护生态平衡、防止城市无序扩张等;而其他功能则是绿地的使用功能,如提供户外活动场地等。

现如今,选择和设计公园绿地的位置和布局主要有两种方式。一种传统的方式是以绿地的半径为基础的规划准则,即将城市公园绿地定位于服务半径的中心,从而形成城市绿地网络节点(表4-4);另一种方式则是以公园本身为中心,以实际步行的距离作为定义公园"服务区"的半径,并用此"服务区"的范围去检测一个地区是否在公园服务的范围之内。第二种方式是借鉴景观生态学的思想,将公园绿地视为生态区域,以此构建城市公园系统的生态布局。

不同层级的公园绿地的规模和服务半径 表4-4

城市公园划分	服务半径(标准)	占地面积(标准)
小区游园	250m	0.25ha
居住区公园	500m	2ha
城区公园	1000m	4ha
城市公园	5000m	10ha

注:所有城市公园都有防灾避难的功能。资料来源于《城市规划原理(第4版)》,吴志强主编。

理论上,服务半径要考虑公园的地理位置、规模、受众和主要功能,侧重于主要使用者——城市居民的生活行为。这包括对居民每天的生活、工作和娱乐等活动的差异,以及他们对公园绿地的使用距离、频率和时间长度的考虑。从系统论的观点出发,公园绿地的使用可以分为三个层次:第一层次是日常休闲,使用时长在半天内;第二层次是节假日休闲,使用时长在半天到一天;第三层次是节假日度假,使用时长在一天到两天。每个层次的公园形态和主要功能都存在相对的差异,选址时需要考虑的主要因素也不同(图4-8)。图4-9为日本对于不同层次的公园绿地规模和服务半径及其布局方式的规定(图4-9)。

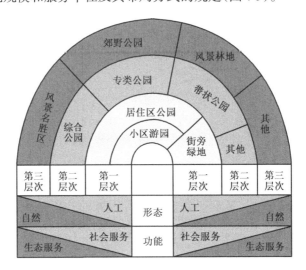

图4-8 公园绿地层次、形态与功能示意图

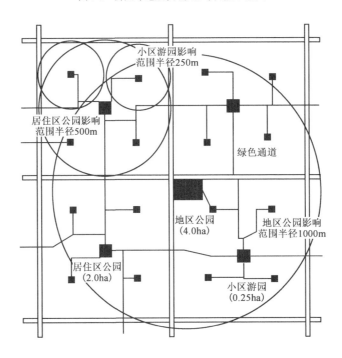

图4-9 日本地区规划中对公园绿地系统的规定示意图

五、公共管理与公共服务设施用地及商业服务设施用地的选址布局

城市被视为非农业产业和人口密集地的代表,其主要职责就是为市民提供丰富多样的公

共服务设施。这些城市的公共服务设施被认为是城市社会服务业的基石和后盾,如公共行政设施、公众服务设施及商务服务设施等,具体可以包括学校、医院、文娱和体育设施以及商业设施等,这些设施遍布在城市的各个角落,为公众提供服务,并可以被视为社会公共物品。在我国,主要由政府部门负责供应这些城市公共服务设施,另外,部分私人企业也起到了一部分供应的作用。

公共管理与服务设施用地指的是政府行政、文化教育、运动设施、卫生保健等公共机构所使用的土地,但并不包括居住用地内的服务设施土地。一流的公共管理及服务设施是城市现代化的必备因素。城市公共管理和服务设施的公平和合理布局取决于政府对公共服务的供给能力,它不仅对公共服务资源的公正和高效分配产生影响,还直接影响着城市居民能够享有的公共服务的数量和品质。依据我国当前的建设用地标准,公共管理和公共服务设施用地在城市建设用地中的比例应在5.0%~8.0%之间,且人均公共管理和服务设施土地面积应不低于5.5m²。

商业服务设施用地包括商业、商务、娱乐康体等设施用地,但不包括居住用地中的服务设施用地。该区域的用途指向高度取决于当地的经济发展状态,并且有能力与住宅、公共管理以及公共服务设施用地共存,具备极高的灵活性。所以,我国并未对商业服务设施用地规划作出硬性规定。

在城市里,诸如行政中心、商业中心、教育中心和文化中心等,都是公共管理用地、公共服务设施用地和商业服务设施用地中的重要区域,就区位与规模等级角度而言,它们呈现出市级、区级、片区级以及社区级等明确的层级分布(图4-10)。这些区域在城市的布局规划中处于极其重要的位置,并且与城市天际线等景观视觉感受和城市形象紧密相关(图4-11)。在该类用地中,商务办公、商业服务等用地通常承载着高密度、高流量的城市经济活动,因此也带来了较高的土地利用强度,这比较直观地反映为明显高于周围地区的容积率与建筑物高度,通常也有较高的土地收益。

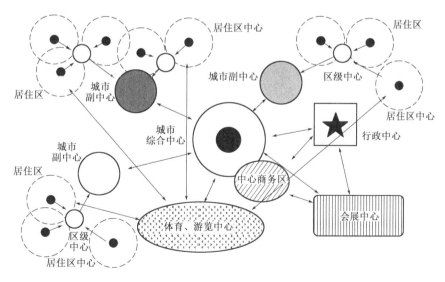

图4-10 城市中各类公共活动中心的构成

资料来源:《城市规划》,谭纵波著。

图 4-11　北京中心商务区城市天际线

随着现代城市设计对人本主义日益重视,关注城市居民生活质量、日常生活需求的城市生活圈规划在学术研究和实践中越来越受瞩目。2016年的中央城市工作会议特意强调加强公共服务设施,打造高效便捷的生活圈,让居民在共同参与和分享公共服务的过程中能获取更大的满足感,这也使得"生活圈"这一概念在国内获得了广泛的关注。因此,越来越多的中国城市开始按照生活圈理念进行公共服务设施规划,如上海在其最新的总体规划《上海市城市总体规划(2017—2035年)》中,定下了提升社区生活、工作和出行环境的目标,让社区公共服务设施在15min步行距离内的覆盖率达到99%,实现15min社区生活圈全覆盖的目标(图4-12)。

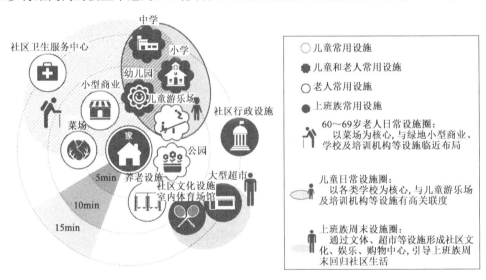

图 4-12　15min生活圈公共服务设施配置示意图

六、土地的混合使用

土地的混合使用方式是城市有序增长和新城市主义思想中的关键理念之一。城市有序增长是指意图达到总体层面上高效的土地使用和空间发展模式、宏观上就业和居住的平衡以及其带来的都市交通需求的极大减少。因此,城市有序增长不仅需要融合土地利用和交通,同时也需要提供多种便利的交通手段,以减轻城市居民对小型汽车出行的依赖。从1933年的《雅典宪章》到1977年的《马丘比丘宪章》,人们逐渐认识到土地混合使用的必要性,功能分区过于明确会造成钟摆式交通、单调的景观、时间性死城等问题。在美国和欧洲,随着城市更新和可持续发展理念的进一步发展,土地的多样性使用被认为是重振城市活力和实现城市精明增长的主要途径,逐渐被视为现代城市规划中的主要方式之一。无论是以提升城市活力为目标的紧凑型发展模式,还是以创造人性化环境为目标的新城市主义模式,再或是以城市管理、自然资源保护、开发成本控制为目标的智能发展模式,土地的多样化使用都是不可忽视的核心规划手段。所以,经过近半个世纪的探索和总结,规划领域明确提出,城市土地混合使用以及区域性的职住平衡是降低交通流量、引导城市空间有序发展的理想模式。

我国的城市规划模式正逐步从"增量规划"向"存量规划"转型,旧城区的功能结构和生活品质亟待提高。在市场经济的背景下,实行混合土地利用是有效使用土地资源的一种主要策略,它能良好适应市场需求和外部环境的变动,是对城市土地的重要部署方式。因此,土地混合使用对中国城镇化在未来的良好发展具有重要意义。

1. 土地混合使用的定义

1987年,美国城市土地学会给出了一种被广泛认可的土地混合使用的定义。这个定义主要包含三个要点:一是土地混合使用必须至少含有三种及以上能够相互兼容并带来收益的功能;二是土地混合使用不仅需要在空间上,也需要在功能上达到高密集度和高强度的使用性能,并且需要提供连贯的步行路径;三是实现土地混合使用的建设发展需要遵循一套完整连续的土地利用规划,以确保规划的形态、标准等各个方面的统一性。

2. 土地混合使用的类型

在早期阶段,混合型土地开发的核心关注点是平面混合模式。然而,在生活方式的差异性、土地用途的细分和时间的充分应用等因素的影响下,混合型土地开发呈现出多样化的模式,其中包括共享、水平、垂直和时间混合等多种混合类型(图4-13)。

(1)共享混合类型主要是指在同一空间中共享多种功能的用地。随着城市用地功能日益复杂和集成化,这种混合用地模式的数量正在逐渐增加,其中,家庭办公模式作为其特征表现之一最为常见。

(2)水平混合类型主要是由建筑或土地在平面上混合各种功能而形成,比如住宅区和商业区的混合,这也是最常见的水平混合形式。

(3)垂直混合类型通常涉及不同楼层间的功能混合,例如底部为商业、顶部为住宅的垂直混合形式。

(4)时间混合类型,是说明功能也可以在时间维度上进行混合,即同一空间在不同的时间段可能有不同的用途,例如剧院在白天可能作为会议中心,晚上则变为电影院,不同的功能空间通过邻里整合、商住混合、公共空间过渡等方式促进区块内部空间优化,创造更好的交流环境,这样就可以使该区块更安全且富有活力,也就更有可能创造一个氛围和谐宜居的社会环境。

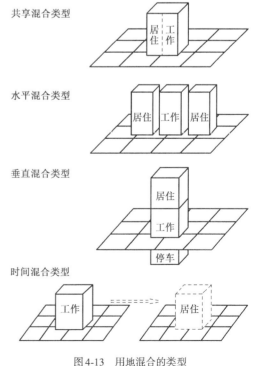

图4-13 用地混合的类型

3. 土地混合使用模式举例

随着城市整体建设用地趋于饱和，城市规划与城市设计不断探索将生产、生活、生态空间进行土地混合使用的多种开发策略，以期引导城市紧凑、集约、有序发展（图4-14、图4-15）。

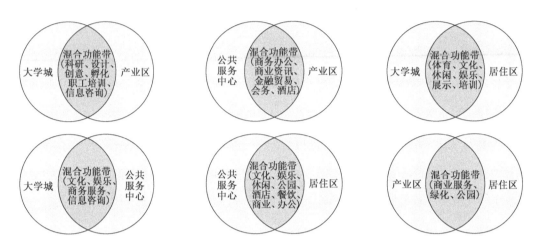

图4-14 土地混合使用开发策略概念模型

a) 物流商贸园区式混合土地利用示意图

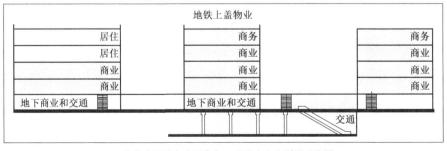

b) 科技产业园区式混合土地利用示意图

c) 公共交通导向式开发（TOD）混合土地利用示意图

图 4-15

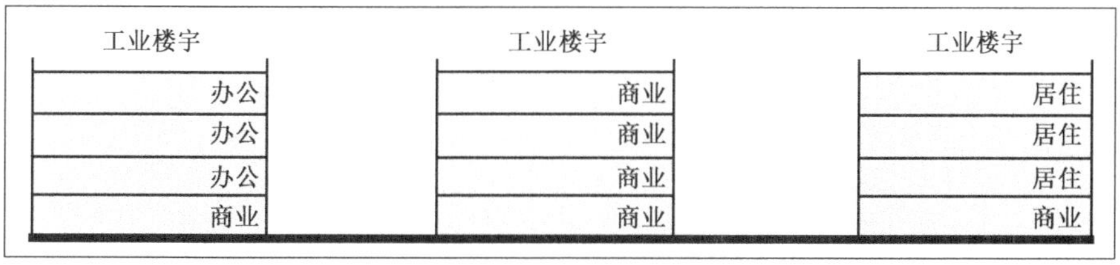

工业楼宇	工业楼宇	工业楼宇
办公	商业	居住
办公	商业	居住
办公	商业	居住
商业	商业	商业

d) "工业区+商业区" 演化式混合土地利用示意图

图4-15 不同类型的混合土地利用模式示意

(1) 物流商贸园区式。

物流园和商贸园采用混合式的土地使用模式,也就是物流商贸园区用地模式。这种用地模式通常涉及商业、工业、仓储、交通、居住等多种用地的混合。虽然在这些区域中有功能划分,例如制造、储存、展销和运输,但它们之间的联系十分紧密,并没有明确的物理分界。由于物流商贸园区涉及大量的货物运输,道路设施的规划显得格外重要。

(2) 科技产业园区式。

混合式用地是工业园区和科技园区的标志性特征,它包括城市工业生产、科技研发及展览交易等多种活动,覆盖了商务、商业、工业、研发及住宅等多元化的用地类型。各种类型的用地之间并无明确的实体分界线,例如生产工厂和研究设施可以设在同一座标准化工厂的共享空间中,办公空间就在生产线上,同时也是研发空间,"产、学、研、办"的混合构成了科技产业园区的重要用地特征。

(3) 公共交通导向式开发(TOD)。

TOD(Transit-Oriented Development)是指以公共交通为导向的发展模式,这种模式强调交通设施与周边商业、办公以及住宅区的混合开发,提高土地的开发强度和利用效率。TOD核心区的立体化开发通常包含交通设施、上盖物业和地下商业建设这三个主要环节,以车站为圆心500m范围内的辐射区通常涵盖交通、商业、办公以及住宅等多种用地类型。TOD混合开发涉及地面、地上和地下三个不同的城市基面,也涉及商业、交通、公共服务等不同属性空间的结合,有利于城市交通流、信息流、商业流的交互。在我国,由于地产权的划分和规划管理都是横向进行的,因此针对这类垂直混合利用的地产权管理、用途、开发以及建设管理仍缺乏统一和规范的指导和规定。

(4) "工业区+商业区"演化式。

所谓的"从工业区进化到商业区"的混合型土地利用,就是指旧的工业区在市场自发行为的推动下,演变成为商业区的使用方式。一些地段较好的旧工业区,凭借着标准厂房的灵活转化能力,伴随着产业的升级转型,可以变化为商业、办公以及居住的混合型商业区。市场自发地对旧工业区进行了改造,工业用地向其他用地的转变并未经由正规的法律流程,导致大部分土地性质仍旧是工业用地。这类混合用地因市场需求的变动互相之间表现出较大的不同,且土地权益问题复杂,使得用地状态稳定性差,规划及管理上也较为困难。

(5) 社区生活圈模式。

当前,我国推行的15min社区生活圈计划,也体现了以人为本的土地混合使用理念,倡导全面打造自由、共享的社区,在生活圈用地中集合居住、工作、交通、社区服务、娱乐与公共空间五大要素,完善与日常生活关联最紧密的出行、教育、健康、就业、商务、休闲等公共设施,融合居住、办公、旅行、商业等多业态功能(图4-16)。

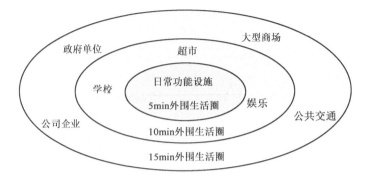

图4-16　土地混合使用的社区生活圈规划示意图

4. 土地使用兼容性

我国一般用土地使用兼容性来表示土地混合使用的程度。对土地使用的两个关键解读是:其一,一块土地能否容纳不同种类的土地利用模式,即是否可以接纳城市土地的多元化、多样化使用;其二,土地使用的选择及替代能力,它展现了土地使用的灵活度,同时揭示了周围环境对土地使用模式的制约,涉及建造的可能性以及选项的多样性。以促进土地混合使用为目标的兼容性地块,尽管能够提升土地混合使用的可能性,但并非绝对保证了土地混合使用的可行性。例如,城市土地的开发者如主要侧重居住业态,同时开发部分商业和配套设施,则这部分土地会被认定为居民用地,辅以商业用地,地块的兼容性比例为30%。也就是说,开发者可以根据市场需求,在规定范围中有选择地进行商业建设,不论是75%的住宅和25%的商业设施,或者是90%的住宅和10%的商业设施,甚至是由于地块面积较小,周边设施齐全,考虑到不需要任何商业设施,将100%的土地建设为居民住宅都是可以接受的。

然而,现行的土地使用兼容性制度尚不足以应对日益复杂多变的土地利用需求。例如,对于一块市区中心的优质土地,若开发商拟规划40%面积用于商业、40%用于办公、20%用于公寓酒店,这种多功能均衡配置在当前制度下难以精确匹配,尤其是当各项用途比例接近,缺乏明显主导功能时,现行兼容性制度的局限性凸显,可能抑制土地使用的最优化混合。鉴于此,推广混合用地模式成为必要趋势,但遗憾的是,针对混合用地这一特殊类型的规范与标准目前尚不健全,亟待明确与完善,以便更好地指引实践,促进土地资源的高效与灵活利用,响应快速变化的市场需求,同时保障城市空间的合理与和谐发展。

第五章
城市的形态、空间结构和功能布局

第一节 城市形态和空间结构的概念内涵

一、城市的形态与空间结构的概念内涵与联系

结构是各种事物中各组成部分或各要素之间的关联方式,是各种事物存在这一基本事实的表征。城市空间结构(Urban Spatial Structure)指城市各功能区的地理位置及其分布特征和组合关系,它是城市功能组织在空间上的投影。

城市形态(Urban Form)是聚落地理中的一个重要概念。它包含了城市的空间形式(Spatial Pattern)、人类活动和土地利用的空间组织、城市景观(Urban Landscape)的描述和类型学(Morpholos)分类系统等多方面的内涵。在城乡规划领域,关于城市形态的概念,学者们有着不同的认识,主要有以下几种:①城市形态是城市外部轮廓形状;②城市形态是城市空间结构的整体表征形式;③城市形态是城市平面、立面的形状和外观。有的学者认为城市形态是一种复杂的经济、文化现象和社会过程,是在特定的地理环境和一定的社会发展阶段中,人类各

种活动和自然因素相互作用的综合结果;是人们通过各种方式去认识、感知并反映城市整体的总体意象。也有学者认为,城市形状和结构是城市形态中的两个重要特征。

但是在实际的城乡规划和国土空间规划研究工作中,鉴于两者的紧密关联性,往往对城市空间结构和城市形态并不做十分明确的区分。因此,在国土空间规划视角下,城市形态结构可以理解为:由结构(要素的空间布置)、形状(城市外部的空间轮廓)和相互关系(要素之间的相互作用和组织)所组成的一个空间系统。

二、城市形态与空间结构演变的主要影响因素

1. 社会因素

社会的组织性和分离性是空间互动和分离的根本原因,城市空间形态的形成和演变是社会活动的需要,也是社会生活的反映,其空间关系与社会关系密切相关。从城市产生开始,社会结构就影响着城市空间结构,并对其以后的演变产生着深远的影响。如古代中国在宗族制社会体制的影响下,形成了都城、州府、县城中等级严明的城市空间布局。

2. 自然因素

自然环境是人类赖以生存的基础,是城市形态演化的重要基础,它直接影响城市形态变化的潜力、速度、方向、模式和空间结构。我国古代城市的形成多与周围的地理环境有着密切的联系,它们大多聚集在水路交通中心、江河渡口或者物产丰富的区域,可以说城市的发展史就是一部人类对自然资源利用和改造的历史,因此城市空间形态必然会受到环境因素的影响。

3. 经济因素

经济因素是城市形态演化的根本原因。城市形态的演化,始终伴随着集聚与扩散两个基本作用力的此消彼长。经济的增长是生产关系和生产力共同发展的结果,它们包括生产方式、经济制度、产业结构、经济流通等诸多方面,无一不对城市空间形态产生影响。一般而言,经济的加速发展可能刺激城市用地规模快速扩张;若城市空间扩展方式出现跳跃式和轴向扩展,城市形态的紧凑度也相应下降。

4. 政治因素

城市从产生到发展,每一个过程都与政治、政策有关,从行政区划、投资区位、城市化战略、城建政策、经济政策到意识背景、权力干预等无不带有政治色彩。它对城市格局的影响主要体现在两方面:一是政权统治的功能需要;二是思想意识的空间体现。政策因素在城市形态演变中起到了引导作用,具体体现在政治、经济、社会制度、城市规划等层面。在城市形态的演化过程中,政策因素对城市的发展而言无疑是很重要的催化剂,它对城市的发展起到了很大的促进作用。例如"滨海新区"综合配套改革实验区、城市副中心区、城市高新技术园区的建立等对城市形态的演化起到调控和促进作用。

城市规划的本质在于其公共政策的属性,在城市形态的演化中也起到导向作用,它主要通过关注城市土地使用的分配、布局和组织而发挥作用。城市规划与城市发展之间,是一种"发展影响规划,规划引导发展,规划适应发展的良性循环关系"。

第二节　典型的城市空间结构形态类型

从世界范围来看,城市空间结构,也就是城市各功能区的地理位置及其分布特征和组合关系可以归纳为以下几种典型形式(图5-1)。

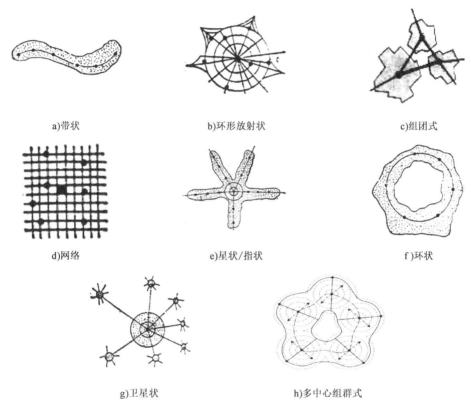

a) 带状　　　　b) 环形放射状　　　　c) 组团式

d) 网络　　　　e) 星状/指状　　　　f) 环状

g) 卫星状　　　　h) 多中心组群式

图5-1　城市典型形态结构类型示意图

1. 带状城市

带状城市主要是受地形影响或者在交通发展的带动下所形成的,一般表现为城市空间沿着山谷或水体岸线分布,具体又可以分为带型连绵或带型组团结构。兰州是典型的河谷型城市,其位于黄河谷地处。黄河自西南流向东北,横穿兰州全境,纵穿山岭,形成峡谷与盆地相间的串珠形河谷。兰州的发展沿着河流两岸向东西方向延伸,城市各部分均接近郊区,亲近自然,但城市交通集中在带状轴线方向,导致运输距离较长。深圳也是一个典型的带状城市,位于亚热带海滨地区,整体是沿海岸线展开的带型组团结构城市。深圳全境地势东南高,西北低,大部分为低丘陵地,间以平缓的台地,城市西部为滨海平原。罗湖、福田、南山各组团功能相对独立,分别是深圳的零售和贸易中心、行政与金融中心、文化与科技研发中心。

2. 环形放射状(圈层式)城市

环形放射状是平原地区比较常见的城市空间结构类型。该结构类型的城市空间各组成部分比较集中。我国首都北京是一个很典型的圈层式结构城市形态的代表。这种形态结构在一定的城市规模条件下便于集中设置生活服务设施，方便行政管理、节省市政建设投资。然而，这种结构往往具有很强的向心性，资源配置容易向中心集聚。且随着城市规模的扩大，容易出现城市过度拥挤的现象，进而引发交通拥堵、中心圈层房价过高、空气污染等相应的社会与环境问题。北京市为了调整优化城市空间格局、治理大城市病、拓展发展新空间，研判了人口经济密集地区优化开发模式的需要，规划建设城市副中心。《北京城市总体规划（2016年—2035年）》中提出，北京的城市结构为："一核、一主、一副，两轴多点一区"。"一核"指首都功能核心区；"一主"指中心城区，包括东城区、西城区、朝阳区、海淀区、丰台区、石景山区；"一副"指城市副中心；"两轴"指北京中轴线及其延长线、长安街及其延长线；"多点"指5个位于平原地区的新城，包括顺义、大兴、亦庄、昌平、房山新城；"一区"指生态涵养区，包括门头沟区、平谷区、怀柔区、密云区、延庆区以及昌平区和房山区的山区。《北京市国土空间近期规划（2021年—2025年）》提出优化"一核、两轴、多板块"空间格局，强化综合承载和服务保障能力，提出北京城市功能疏解方案："大力承接城区功能疏解，打造首都发展新增长极"。这其实主要是特指未来要打造北京城市副中心、三城一区、北京自贸试验区等多城市中心，构建多中心格局。这些外围地区将大力承接城区功能的外溢和人口外溢，并逐步成长为首都经济的"新增长极"。北京将逐步从原来的"单中心"城市成长为"多中心"城市。

西安也是圈层式城市结构，其地处关中平原中部，北濒渭河、南依秦岭。古代的长安城布局规划整齐，东西严格对称，分宫城、皇城和外廓城三大部分。现代西安的区域空间格局为一个主核心西安，一个副核心咸阳，以主要交通线为放射轴的放射形多圈层空间结构。《西安市国土空间总体规划（2021—2035）》对西安未来的空间结构和功能布局提出了"四轴"、"一核"、"六片区"的规划。其中，"四轴"包括南北向古都文化轴、科技创新轴、国际开放轴和东西向丝路发展轴；"一核"指以西安主城片区为主体，由洪庆-港务区、西咸沣河片区共同组成的都市圈核心；"六片区包括富平-阎良、杨凌-武功-周至、高陵-泾河新城、鄠邑丝路科学城、临潼和东南川塬六大片区"。

3. 组团式城市

组团式结构，是指城市空间由两个以上相对独立的组团组成，各组团有各自的中心和道路系统。通常组团之间有一定的空间距离，但存在较便捷的联系通道使之组成一个城市空间系统。如布局合理，组团间距离适当，这种城市结构既可有较高运转效率，也可保持良好的自然生态环境。

重庆市的城市形态是典型的组团式城市结构。其地处长江和嘉陵江的交汇处，北部、东部及南部分别有大巴山、巫山、武陵山、大娄山环绕，地貌以丘陵、山地为主，坡地面积较大，地形的崎岖不平使城市空间在地域上形成了有一定间隔的片区，市域范围内各片区之间被河流、山岭等分隔开来。《重庆市国土空间总体规划（2021—2035年）》提出了构建主城都市区、渝东北三峡库区和渝东南武陵山区三个区域协调发展的国土空间总体格局。其中，主城都市区是重庆高质量发展的优势区域，主要由中心城区、渝西地区和渝东新城三个部分组成。中心城区将形成"一核两江三谷四山"多中心组团式空间结构。这一空间结构的构建，旨在进一步优化《重庆市城乡总体规划（2007—2020）》提出的"一城五片、多中心组团式"发展格局。其中，"一城五片"指的是重庆城的中部、东部、西部、南部、北部五大片区，每个片区均由若干组团组成,形成多中心的组团式发展态势。在此基础上,新规划进一步提出"合理控制中部槽谷城市规模,重点发展西部、东部槽谷",从而构建起"一核两江三谷四山"多中心组团式的空间结构。多中心组团式空间结构,能够有效地组织城市人口和功能布局,使得各片区和组团既保持相对独立性,又能够实现相互间的紧密联系和协调发展。

4. 网格状城市

网格状城市结构,一般由横向和纵向的干道构成整个城市的骨架。这种结构较为规整,城市空间容易持续扩张,城市的方位辨识性也较好。网格状形态作为城市的基本肌理之一,在古希腊时期就已产生。网格城市可塑性极强,其作为最基本的规划形态,能够满足大多数统治者安置市民和规范社会秩序的需求,适应大多数政权管理模式。当代欧洲和北美洲的很多城市是网格状城市,如美国旧金山、加拿大多伦多等。在中国古代都城建设史上,网格状的规划设计形式也是屡见不鲜,比如唐代长安城,其中轴线两侧对称分布着东市、西市和110个里坊,隋代的洛阳城也是网格化的布局。

5. 星状/指状城市

星状和指状城市结构表现为从中心出发,若干城镇组团沿着交通走廊串珠状地分布。星状和指状都是城市用地沿着主要交通轴向几个方向轴向延伸发展的结构,使得城镇逐渐呈现星状和指状的形态布局。丹麦哥本哈根的城市形态是这一类结构典型的案例,"指状"这一名称也来源于哥本哈根规划。哥本哈根整个城市老城区为"掌心"(Palm),以从市区向外呈放射状布局的铁路为轴线,城镇组团通过铁路交通网和老城区相连,最终形成以铁路为"手指"、站点或附近城镇为"珍珠"的格局。

6. 环状城市

环状城市一般围绕山体、水体等进行发展,这种城市结构的形成一般需要有特殊的地理条件。典型的环状结构案例为新加坡市,早在1963年,新加坡就提出"环状城市"的概念,在岛屿的中心保留大片自然保护区,禁止进行任何开发,外围利用环状交通,串联布置一系列新城。

7. 卫星状城市

卫星状城市结构表现为围绕中心城市,在其外围发展若干小城市。该结构常见于大城市或特大城市。英国伦敦的城市形态是卫星状城市结构中的典型案例:20世纪,英国为疏散老城市中的人口,先后建立了32个新城。意大利的米兰也是典型案例,米兰是意大利第二大城市,周围约有30个卫星城,其与周边卫星城镇的交通联系由地下铁路构成的城际交通网络实现。

8. 多中心组群城市

多中心组群城市结构是多个片区或组团在一定条件下各自发展,逐步形成多样化的焦点和中心以及轴线,是城市用地空间向多个方向不断蔓延发展的结果。美国洛杉矶的城市形态是这种结构的典型案例。洛杉矶是美国西部最大的都会区,是一个由接近100个同核城市组成的大都市。这些城市紧凑有序地排列在接近1万平方千米的长方形地块中,轮廓鲜明。洛杉矶没有一个对城市整体起支配作用的市中心,每天数百万辆的车流并没有向心或辐射般地通过城市的中心点。美国旧金山湾区也是典型的多中心城市群结构,其是美国加利福尼亚州北部的一个大都会区,其中主要有三个大城市:旧金山、奥克兰、圣何塞,和众多各具特色的小城市,硅谷即坐落在此。我国长三角、珠三角地区也在逐渐形成功能互补、相互协作的成熟城市群。

要说明的是,上述的区分都是出于简化研究、简化表达的需要,事实上,一个城市,尤其是大城市、特大城市的空间结构形态,多是由上述各种类型叠合而成的,而且城市结构也会受到自然山水条件的约束。但在经济发展和科技进步的不断驱动下,现代城市结构形态不断演变,当代城乡规划和国土空间管控应当如何发挥规划调控作用,引导城市结构形态健康发展,需要进一步讨论。

第三节 城市空间结构演变和国土空间规划干预控制

一、城市空间扩张演变方式和规律

城市功能形态的各种演变使得城市空间发生位移或者扩张,其本质是城市的空间演变,即城市空间向外部区域扩展。城市空间扩张方式有带状轴向扩张、圈层扩张、跳蛙式扩张、星状轴向扩张和指状轴向扩张以及单中心向多中心演变。

1. 带状轴向扩张

带状城市往往沿着交通主轴向两侧发展,呈现一种主轴线型结构,该形态发展大多受地形限制,往往形成线型珠串形状。

2. 圈层扩张

环状放射城市用地空间往往呈圈层式发展,由中心向外一圈一圈地向周边发展,道路结构为方格网形式。这种连绵式的发展对于一定规模的城市有利于资源的集中高效配置。

3. 跳蛙式扩张

城镇的扩张与老城区在空间上不连续,新区在空间上脱离老城区发展。在现实生活中,一般由于老城区受地形或者其他因素制约,无法连片发展,而进行跳蛙式扩张。

4. 星状轴向扩张和指状轴向扩张

城市空间结构类似于星状,城市沿着交通轴线发展新的集中点,城市扩张形式呈现辐射状。在这样的城市空间结构中,城市的交通轴线不仅承载着日常的通勤和物流需求,也是城市发展的生命线。它们像一条条动脉,使城市的各个片区沿着发展轴线紧密相连,城市各个片区之间往往留有大片绿地。

5. 单中心向多中心演变

城市空间形态的演化规律一般是从单中心到多中心。有两方面的经济分析可以为这一立论提供理论依据,一是在给定的交通模式下,单中心集聚将产生过度拥挤,拥挤导致的通勤成本增加将驱使个体或企业离开现有的中心城区,新城市中心也就具备了形成条件;二是在经济社会进步的过程中,中心城市会出现若干新的服务于区域的中心职能。在最初的阶段,这些职能在既有城市中心的用地竞争中往往无法胜出,因而会选址于中心外围的综合成本洼地,并逐步演化为新的城市中心。

二、单、多中心模式和交通的关系

关于城市空间结构对交通流向和交通出行方式的影响,学者们所持观点差异不大,但对于通勤距离和通勤时间的影响,却存在单中心论和多中心论两种截然相反的观点(表5-1)。单中心论支持者认为,就业的分散化(多中心)并没有达到减少城市交通需求的目的,城市居民交通通勤距离反而有了较大增加,并以旧金山大都市区和奥斯陆为案例,从就业中心以及企业个体通勤者两个层面进行了验证。多中心论支持者通过对比美国西部和东北部城市的平均通勤时间,发现多中心模式具有缩短通勤时间的潜力,并且还构建了"区位再选择"假设对其进行解释,认为企业和居民总是周期性地通过居住位置的调整来实现居住与就业的平衡,从而降低通勤距离和通勤时间。

城市空间结构与交通的关系主要观点　　　　　　　表5-1

理论	代表人物	主要观点	案例
单中心结构论	赛维罗、施瓦恩、兰蒂斯、纳斯等	单中心结构有利于建立高效的公共交通系统;多中心未达到通过平衡居住与就业减少交通需求的目的;就业分散化延长了通勤距离,导致成本上升	旧金山湾区、奥斯陆、荷兰部分城市
多中心结构论	戈登、翁、朱利阿诺、理查德森、邓毛颖、万霞等	多中心有利于分散中心区的交通压力;有利于居住与就业的平衡;具有缩短通勤时间的潜力;组团式城市平均出行时耗短于中心城市	洛杉矶、南加州部分城市、广州

根据多中心城市内居住与就业的关系可以把多中心模式分为两类,一类是就业与居住基本实现就地平衡的多中心;而另一类是就业与居住不能就地平衡的多中心。对于后者来讲,严重的居住与就业失衡不仅没有使原有的交通问题得以解决,反而增加了居民的通勤距离和通勤时间,这也是多中心空间结构被单中心论支持者批判的重要原因之一。但不可否认,单中心论支持者也承认对于已经迁往就业地的原中心区居民,其通勤时间比仍居住在中心区的居民要短得多。因此,单中心论支持者和多中心论支持者观点发生分歧的最主要矛盾点是城市应在何种机制下形成多中心空间结构,如果副中心在形成过程中与原中心实现了功能互补,居民可以就近就业,多中心的空间结构无疑将分散单中心所聚集的交通量,从而起到缩短居民通勤距离和通勤时间的目的;反之,如果居住与就业占据城市的不同空间区域,居民的跨区域出行将会使城市交通更为拥挤。因而,改善交通出行的多中心结构是以就业与居住就地平衡为前提的。鉴于此,在规划多中心结构过程中就要统筹考虑就业用地和居住用地的平衡,而且不仅要注重住宅和就业岗位总量上的平衡,还要对住宅的类型和工作岗位的类型进行统筹平衡。

轨道交通对城市的空间结构具有很强的影响力与引导作用,潘海啸在其2005年发布的著作中指出,轨道交通与城市空间相互支撑,必须保持两者的高度关联。我国的城市发展趋向于多中心网络化,同时也在大力发展轨道交通。轨道交通能促进城市土地开发利用,为多中心网络提供支撑。多中心城市空间结构主要依托以下三种轨道交通网络:第一种为轴向空间结构,多见于"指状"发展的城市空间结构;第二种为"放射型+环状网"的轨道空间组织结构,多见于圈层式"团状"发展的城市空间结构;第三种是与道路网络紧密联系的快速轨道线路网,多见于混合型的城市空间结构。

三、国土空间规划干预控制

1. 开发边界管控和"三区三线"划定

"城镇开发边界"并不是一个新概念,其来源于1976年美国塞勒姆市提出的"城市增长边界"概念(Urban Growth Boundary,UGB,原译为"城市增长边界",从实质性含义和功能而言,与当前所表述的"城市开发边界"一致),是一种以遏制城市空间向外蔓延为目的的城市用地管理政策工具,也是一条"城市土地和农村土地间的分界线",规定边界以内的土地可以用作城市建设用地进行开发,之外的土地则不可。

那么,如何确定城镇开发边界？这要以资源环境承载能力和国土空间开发适宜性评价("双评价")为基础,通过土地、水、生态等资源环境承载能力分析,确定国土空间开发的最大规模和适宜规模。同时,通过地形地势分析,确定可利用的土地资源。开展生态功能重要性评价、生态敏感脆弱区评价,通过水源涵养重要性评价、生物多样性重要性评价、土壤保持重要性评价和植被覆盖率指数、生态敏感性分析、生态脆弱区分析,确定国土空间开发的适宜性分级。由于我国的城市规划由"增量规划"向"存量规划"转变以及国家的生态环保、碳中和、碳达峰要求,城镇开发边界的划定已经打破了传统城市规划确定的城市发展方向、人口规模预测、确定城市用地规模的范式,而更多的是从规划的角度,从生态环境容量、人口规模容量、水资源容量、空气环境容量、生态环境与历史文化保护等多角度综合确定城市开发边界。

多规合一的国土空间规划体系明确提出要在国土层面科学划定"三区三线"。"三区"是指城镇空间、农业空间、生态空间。城镇空间是以城镇居民生产生活为主体功能的国土空间,是主要承担城镇建设和城镇发展经济等功能的地域,包括城镇建成区,城镇规划建设区以及初具规模的开发园区。农业空间指的是以承载农业生产和农村居民生活为主体功能,承担农产品生产和农村生活功能的国土空间,包括永久基本农田、一般农田等农业生产用地以及村庄等农村生活用地。生态空间是指具有自然属性,以提供生态服务或生态产品为主体功能的国土空间,包括森林、草原、湿地、河流、湖泊、滩涂等各类生态要素。

2. 优化城市功能布局

城市布局即指在城镇开发边界内的土地利用与空间布局。城市总体布局是城市的社会、经济、环境及工程技术与建筑空间组合的综合反映,是一项为城市合理发展奠定基础的全局性工作。总体布局是通过城市用地组成的不同形态体现出来的,其核心是组织城市用地功能,分析城市用地和建设条件,研究各项用地的基本要求及它们之间的内在联系。处理好几项核心工作间的关系,有利于城市健康发展。

城市总体布局的任务是在城市的性质和规模确定之后,在城市用地适用性评定的基础上,根据城市自身的特点和要求,对城市各组成用地进行统一安排,合理布局,使其各得其所,有机联系,并为今后的发展留有余地。城市总体布局的合理性关系到城市建设与管理的整体经济性,关系到长远的社会效益与环境效益。

城市总体布局能反映各项用地之间的内在联系,是城市建设和发展的战略部署,关系到城市各组成部分之间的合理组织和城市建设的投资费用。城市总体布局要力求科学、合理，要切实掌握城市建设发展过程中需要解决的实际问题，根据城市建设发展的客观规律，对城市发展保持足够的预见性，并保证较强的适应性。要达到此目的，就必须明确城市总体布局规划的工作内容，领会城市总体布局规划的基本原则，掌握总体布局规划的一般步骤及进行技术经济分析与论证的方法，通过多方案比较和方案选优来确定城市最终的总体布局方案。

研究城市布局的根本意义在于，城市的主要结构与布局一旦形成则难以改变，如果改变则需要付出极大的代价。城市中的某座建筑或者某个局部在发展过程中出现问题，产生严重矛盾时还可以推倒重来，然而，城市的总体布局结构则很难从根本上改变。所以，城市规划通常被看作是百年大计，千年大计。

第六章
城市交通与道路系统

第一节 城市交通的基本概念

一、城市交通与城市发展

1. 相关理念

城市交通伴随着各种城市活动而产生。只有当城市交通发展达到一定水平时人们才能够更多地参与多样化的活动,才能创造出一个富有活力的城市。城市交通系统的目标是在永续发展的原则下,实现城市中各种人员和货物更加有效、自由的移动。

城市交通可分为两部分,即城市内部交通与城市对外交通。城市内部交通一般指城市内部主要通过城市道路、公共交通系统等来组织的交通。城市对外交通则是城市与外部空间建立联系的交通,标志性的交通运输模式包括铁路运输、水路运输、公路运输、航空运输以及管道运输等。在城市间联系日益密切的今天,如何加强城市内外交通的联系是一项重要的课题。

由土地经济学的基本原理可知可达性对城市土地使用的作用。城市交通网络布局模式在很大程度上决定了城市形态,交通模式组织也决定了城市地块的开发强度。城市交通已成为城市空间规划策略不可缺少的一个部分,交通基础设施在很大程度上体现了城市基础设施与城市发展的联系。一方面,诸如高速公路和轨道交通等大型交通基础设施项目会影响到地区未来发展的规模和走向。其影响程度取决于交通设施的具体特征及其与其他交通方式的比较优势。对交通设施的投资会使一块原本可达性很差的土地变得更有吸引力。换言之,在城市开发中,通过交通设施投资改善土地可达性可以提升土地供给能力。开发量越大,城市其他相关服务设施的建设需求就越大。当然,土地的开发也会影响到交通系统的建设和服务水平。

交通规划与土地使用规划必须作为一个规划整体来考虑。但是,在实践中,土地使用与交通规划却是趋于分离的两项任务。这样的结果使交通规划或是加强了过去的发展趋势(如不断满足日益增长的小汽车出行需求),或是诱导城市土地开发向还未进行规划的地区发展。同理,对于土地使用规划而言,基于中心地理论的土地使用规划常常忽略了大型交通基础设施投资对土地开发的影响。在很多情况下,土地规划仅仅将交通规划作为一个外部条件,而不是将其作为一个需要与土地使用相互协调的规划因素一并加以考虑。正是土地使用与交通之间缺乏相互协调,才造成城市道路交通构筑物越来越多,但城市交通却越来越拥挤的状况。一味通过大量投资提高道路容量来减少交通拥挤,其结果是诱发了更多的交通量,人们反而越来越丧失了自由移动的能力,同时也带来了严重的污染、交通事故等问题。城市被各种交通构筑物割裂,破坏了作为人们活动场所的环境。因此,解决城市交通问题是城市规划的重要任务之一。

2. 城市与城市交通发展的关系

城市的形成发展与城市交通的形成发展之间有着非常密切的关系,城市交通一直贯穿于城市的形成与发展过程之中。城市交通与城市同步形成,一个聚落一般先有过境交通,聚落再沿交通线持续发展,形成城市的雏形。因此,过境交通是城市交通的最初形态。随着城市功能的完善和城市规模的扩大,内部交通也随之形成与发展。同时,城市本身也随着城市对外交通系统的扩大与城市交通系统的发展与完善而进一步发展与完善。这就是城市交通与城市相辅相成,相互促进的发展过程。城市居民的活动范围在很大程度上取决于城市交通条件的改善。

在以马车为主要通勤工具的时代,城市居民的活动范围一般在3~5km。有轨电车出现后,城市居民的活动范围可以达到10~15km。今天,多种交通方式并存的交通组织方式使人们的活动半径可以扩大到50~70km甚至更大范围中。

二、城市交通构成与基本特征

现代城市交通是由多部门共同构成的一个组织庞大、复杂、严密而又精细的体系。就其空间分布来说,有城市对外的市际与城乡间的交通,有城市范围内的市区与市郊间的交通。就其运输方式来说,有轨道交通、道路交通(机动车、非机动车与慢行交通)、水上交通、空中交通、管道运输等。就其运行组织形式来说,有公共交通、"准公共交通"(出租车和共享交通)和个体交通。就运输对象来说,有客运交通与货运交通。

交通运输是一个不间断的连续过程,若能减少内外交通的中转障碍,提高门到门运输服务的渗透率,城市内外交通的界限将逐步消除。以铁路运输为例,有些城市已将国有铁路、市郊铁路与市区轻轨电车、地铁等线路连通;高速公路一般也与城区的快速路网(如高架快速路)相衔接;水路运输方面,将运河引进城市港区,成为港区的组成部分也非常普遍。

城市中既要提高城市交通的效率,又要减少交通对城市生活的干扰,创造更宜人的城市环境。现代城市趋向于按不同功能要求组织城市的各类交通,并使它们互不干扰,或者成为各自独立的系统,或者在界面处相互协调。如一条城市主干道穿越城市中心区的部分应降低设计时速,以保证行人穿越的安全。

为了提高货物运输效率,可按货流方向在城市外围的出入口附近或在城市的消费中心分别组织"货物流通中心",这样可以减少不必要的迂回交通流,进而提高货物周转效率。在客运方面,充分发挥各类运输方式的长处,以车站为节点,将轨道交通与道路交通、公共交通与个体交通、机动车交通与非机动车交通紧密衔接。此外,组织方便的客运转乘流线也是现代交通运输的重要规划设计思路。

三、城市交通与城市规划布局的关系

城市交通与城市的关系非常密切,对城市主要有以下几方面的影响。

1. 对城市形成和发展的影响

交通是城市形成、发展的重要条件,交通运输方式配备的完善程度与城市规模、经济、政治地位有着密切的关系。很多城市都具有水陆交通条件,部分特大城市是水陆空交通枢纽。

2. 对城市规模的影响

交通对城市规模影响很大,它既是促进发展的因素也是制约发展的因素,特别是城市对外交通联系的方便程度在很大程度上会影响城市人口的规模。

3. 对城市布局的影响

城市交通对城市布局有重要的影响,城市的交通走廊一般也是城市空间布局发展的走廊,如哥本哈根的指状结构空间形态的形成与支撑这一结构的轨道交通密切相关。

第二节 城市道路系统规划

一、城市交通分布与城市道路系统

城市交通是城市不同用地之间空间联系的体现,而道路系统是这一联系的具象化体现之一。城市各组成部分对交通运输各有不同的需求,如工业区、住宅区、公共服务等是城市交通客货流的吸引点与发生点,由此决定了城市交通流向、流量,并形成了在城市内的全局分布。

城市道路交通有以下主要特征。

(1)在交通发生点和吸引点之间通行的车辆行人交通虽错综交织,但其运输对象可

以分为客流与货流两类,并各有其特点。城市客流交通可以分为必要性交通和其他交通,其中必要性交通主要包括上班、上学等固定通勤类交通,这类交通调节的灵活性小。

(2)各类交通的流动路线、发生的强度随时间而变化,而且具有一定规律性。

(3)不同的城市道路交通方式会对道路系统建设提出不同的要求,如三块板道路方便了自行车的使用;为了提高公共汽车的运行效率,可以设置公共交通专用车道等。

(4)在一般城市道路系统中,道路的通过能力取决于交通方式的组织。一条小汽车专用道每小时可以通过2000~3000人,一条公交专用道每小时可以通过1万人以上。

(5)配套道路交通基础设施(包括公共交通停靠站、停车场等)也是城市道路的组成部分,必须在城市道路系统规划中统一考虑,并与步行通道和步行空间的设计结合起来。

城市道路系统的结构形式应该与城市交通联系的分布相配合,使城市中具有较大交通流量的区域间有直接的道路联系,并使道路的等级与其承载的流量大小相匹配。此外,城市道路交通系统规划应以城市用地规划布局为基础,同时在空间布局中要鼓励土地的混合使用,减少长距离出行。在城市的各类活动中心,应加大道路网的密度,以便于各种交通方案的有效实施,使地块间的联系更加紧密。

二、城市道路系统布置的基本要求

1. 一般要求

城市道路系统首先应保障城市正常经济社会活动所需的步行、非机动车和机动车交通的安全、便捷与高效运行。

城市道路交通系统规划应结合城市的自然地形、地貌与交通特征,因地制宜进行规划,并应符合以下原则。

(1)与城市交通发展目标相一致,符合城市的空间组织和交通特征。

(2)道路网络布局和道路空间分配应体现以人为本、绿色交通优先以及窄马路、密路网、完整街道的理念。

(3)城市道路的功能、布局应与两侧的城市用地特征、城市用地开发状况相协调。

(4)体现历史文化传统,保护历史城区的道路格局,反映城市风貌。

(5)为工程管线和相关市政公用设施布设提供空间。

(6)满足城市救灾、避难和通风的要求。

承担城市通勤交通功能的公路应纳入城市道路系统统一规划,中心城区内道路系统的密度不宜小于$8km/km^2$。

2. 城市道路的功能等级

按照城市道路所承担的城市活动特征,城市道路应分为干线道路、支线道路,以及联系两者的集散道路三个大类。干线道路应承担城市中、长距离联系交通;集散道路和支线道路共同承担城市中、长距离联系交通的集散和城市中、短距离交通的组织。

根据《城市综合交通体系规划标准》(GB/T 51328—2018),城市道路又分为城市快速路、主干路、次干路和支路四个中类和八个小类。城市道路中类划分与城市功能连接、城市用地服务的关系应符合表6-1的规定,城市道路小类划分应符合表6-2的规定。

不同连接类型与用地服务特征对应的城市道路功能等级　　　　表6-1

连接类型	用地服务特征			
	为沿线用地服务很少	为沿线用地服务较少	为沿线用地服务较多	直接为沿线用地服务
城市主要中心之间连接	快速路	主干路	—	—
城市分区(组团)间连接	快速路 主干路	主干路	主干路	—
分区(组团)内连接	—	主干路 次干路	主干路 次干路	—
社区级渗透性连接	—	—	次干路/支路	次干路/支路
社区到达性连接	—	—	支路	支路

城市道路功能等级划分与规划要求　　　　表6-2

大类	中类	小类	功能说明	设计速度（km/h）	高峰小时服务交通量推荐(双向pcu,pcu/h)
干线道路 干线道路	快速路	Ⅰ级快速路	为城市长距离机动车出行提供快速、高效的交通服务	80~100	3000~12000
		Ⅱ级快速路	为城市长距离机动车出行提供快速交通服务	60~80	2400~9600
	主干路	Ⅰ级主干路	为城市主要分区(组团)间的中、长距离联系交通服务	60	2400~5600
		Ⅱ级主干路	为城市分区(组团)间中、长距离联系以及分区(组团)内部主要交通联系服务	50~60	1200~3600
		Ⅲ级主干路	为城市分区(组团)间联系以及分区(组团)内部中等距离交通联系提供辅助服务，为沿线用地服务较多	40~60	1000~3000
集散道路	次干路	次干路	为干线道路与支线道路的转换以及城市内中、短距离的地方性活动组织服务	30~50	300~2000
支线道路	支路	Ⅰ级支路	为短距离地方性活动组织服务	20~30	—
		Ⅱ级支路	为短距离地方性活动组织服务的街坊内道路、步行、非机动车专用路等	—	—

3. 红线宽度与断面分配

城市道路的红线宽度由车行道、人行道、分隔带和绿地等部分的宽度组成，是道路横断面中各种用地宽度的总和(图6-1)。

红线宽度应优先满足城市公共交通、步行与非机动车交通通行空间的布设要求，并应根据城市道路承担的交通功能和城市用地开发状况以及工程管线、地下空间、景观风貌等布设要求综合确定，同时要综合不同城市在各个时期内城市交通和城市建设的不同特点，远近结合，统筹安排，适当留有发展余地。对城市公共交通、步行与非机动车交通以及工程管线、景观等无特殊要求的城市道路，红线宽度取值应符合表6-3要求。

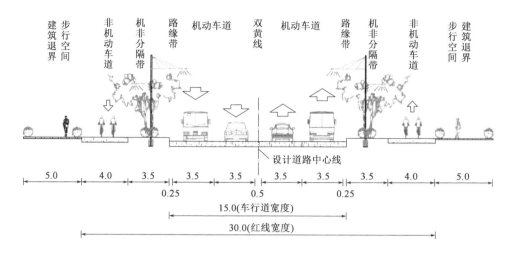

图6-1 道路断面及红线宽度组成示意图(尺寸单位:m)

无特殊要求的道路红线宽度取值 表6-3

道路分类	快速路(不包括铺路)		主干路			次干路	支路	
	1	2	1	2	3		1	2
双向车道数(条)	4~8	4~8	6~8	4~6	4~6	2~4	2	—
道路红线宽度(m)	25~35	25~40	40~50	40~45	40~45	20~35	14~20	—

为了适应城市交通运输不断发展的需要,道路横断面的设计既要满足近期建设要求,又要能为向远期发展提供过渡条件,近期不需要的路面不应铺设。新建道路要为远期扩建留有余地,备用地在近期可加以绿化。对路基、路面的设计应以远期仍能充分利用为原则。

4. 城市道路与城市环境和面貌的衔接

道路走向应有利于城市通风,一般应平行于夏季主导风向。南方海滨道路要临水敞开,并布置一定数量垂直于岸线的道路。北方城市冬季严寒且多风沙大雪,道路布置应与大风的主导风向呈直角或一定的偏斜角度。避免大风直接侵袭城市。山地城市道路走向要有利于山谷风的通畅。

在交通运输量日益增长的情况下,对车辆噪声的防控应引起规划者足够的重视。一般在道路规划时可采取的措施有:过境车辆不穿越市区;在道路设计上考虑加设必要的防护绿地来吸收部分噪声。沿街布置建筑物时,在建筑设计中心做特殊处理,一般可采取建筑后退红线,房屋山墙对道路,临街布置有专用绿地的公共建筑等措施,还可根据具体情况调整道路横断面设计。另外道路两侧的公共建筑也可以起到隔离噪声的作用。

城市道路,特别是干道,反映了城市面貌,沿街建筑布置和道路宽度之间的比例要协调,并配置恰当的树丛和绿带,同时还应根据城市的具体情况,在不妨碍道路主要功能的前提下,把自然景色(山峰、湖泊、公共绿地)、历史文物古迹(宝塔、桥梁、古建筑等)、重要现代建筑连贯布置,使它们在空间中形成一个整体,使城市面貌更加丰富多彩。

5. 城市道路与市政管线和人的衔接

城市中各种管线一般都沿着道路敷设,各种管线工程的用途不同,性能和要求也不一样。要求它们相互之间保持一定的水平距离,以便在施工养护时不致影响相邻管线的工作和安全。因此,规划道路时要考虑为管线铺设留有足够的用地。管线不多时,应根据交通运输等要求来确定道路的宽度。

在规划道路的纵断面和确定路面高程时,对于给水管、燃气管等有管内压力的管道影响不大,因为它们可以随着道路纵坡度的起伏而变化,运输的物质可在管内压力的推动下流动。而雨水管、污水管是重力自流管,排水管道要有纵坡度,道路纵坡设计应予以配合。

道路规划也应和人防、防灾工程规划相结合,以利战备、防灾疏散,保证平时、战时、受灾时交通畅通无阻。

6. 城市道路网络

城市道路系统的类型一般可以归纳为方格棋盘式、环形放射式等几种形式,这些形式是在一定的社会条件、自然条件、现状条件以及当地的建设条件下,适应城市交通以及其他要求而逐步形成的,同一城市的不同地区也可能有这几种不同的形式,或不同形式的组合。

城市中心区的道路网络规划应符合以下规定:中心区的道路网络应主要承担中心区内的城市活动,并宜以Ⅲ级主干路、次干路和支路为主;城市Ⅱ级主干路及以上等级干线道路不宜穿越城市中心区。

应避免把两种道路系统类型重叠在一条干道上,否则会影响行车速度和行人安全。道路交通系统的主要任务是把城市的大部分车流,包括货运交通流以及必须进入市区的市际交通流,尽最大可能组织和吸引到交通干道上来,使生活性道路更加安全、宁静,使交通性干道上的车流通畅、快速。

为完善道路系统功能划分,通常采取交通分流的办法,即快与慢分流、客与货分流、过境与市内分流、机动车与非机动车分流,并采取开辟步行区、自行车道、快速公共交通专用道等辅助措施。

第三节 市域交通设施与用地布局

一、铁路在城市中的布置

1. 铁路的分类

(1)按运输性质分类。

我国铁路根据运输性质的不同,分为客运专线铁路、客货共线铁路和货运专线铁路三类,根据其在路网中的作用、性质、主要运输任务、旅客列车设计行车速度和近期客货运量将其划分为七级,并为每一级铁路规定了旅客列车最高设计速度和货物列车最高设计速度。

①客运专线铁路。铁路网中专门(或主要)用于旅客运输、列车在主要区间能以200km/h及以上速度运行的标准轨距铁路,称之为客运专线铁路。新建客运专线铁路的等级,根据其

在铁路网中的作用、性质、旅客列车设计行车速度,分为高速铁路和快速铁路两级。

高速铁路是指新建铁路最高运行速度达到250km/h及以上,或既有线改造为最高运行速度达到200km/h及以上的铁路。

快速铁路是指在客运专线网中起联络、辅助作用,为区域或地区服务且最高设计行车速度不高于250km/h的客运专线铁路。

②客货共线铁路。铁路网中客货列车共线运行、旅客列车设计行车速度小于或等于160km/h、货物列车设计行车速度等于或小于120km/h的标准轨距铁路。

新建和改建铁路(或区段)的等级按我国铁路建设标准共划分为4个等级,即Ⅰ级、Ⅱ级、Ⅲ级、Ⅳ级,应根据其在铁路网中的作用、性质、旅客列车设计行车速度和客货运量按表6-4所列的规定确定。

铁路等级分类表   表6-4

等级	在路网中的意义	近期年客货运量(百万t)
Ⅰ级	铁路网中起骨干作用的铁路	≥20
Ⅱ级	铁路网中起联络、辅助作用的铁路	[10,20)
Ⅲ级	为某一地区或企业服务的铁路	[5,10)
Ⅳ级	为某一地区或企业服务的铁路	<5

注:1. 年客货运量为重车方向的货运量与由客车对数折算的货运量之和。1对/d旅客列车按100万t年货运量折算。
2. 近期指交付运营后第10年,远期指交付运营后第20年。

③货运专线铁路。铁路网中专门(或主要)用于货物运输、轴重25t及以上、列车牵引质量1万吨及以上、年输送能力1亿吨及以上的标准轨距铁路称为货运专线铁路(图6-2)。

图6-2 货运专线铁路

(2)按机车牵引动力分类。

按机车牵引动力分类,可以分为动车组、电气化机车、内燃机车三类(图6-3)。

a)动车组　　　　　　　　b)电气化机车　　　　　　　c)内燃机车

图6-3 不同牵引动力铁路线路

(3)按服务范围分类。

《交通强国建设纲要》提出,在基础设施布局方面,推进干线铁路、城际铁路、市域(郊)铁路、城市轨道交通融合发展,推动高质量的铁路网络和综合交通枢纽建设。

干线铁路是指在国家铁路网中具有重要地位的铁路线。凡能保证全国运输联系,并具有重要政治、经济和国防意义,或达到规定客货运量的铁路,都属于干线铁路。

城际铁路是指专门服务于相邻城市间或城市群,旅客列车设计速度在200km/h及以下的快速、便捷、高密度客运专线铁路;

市域(郊)铁路:又称为通勤铁路、市郊铁路、市域快速轨道交通,指的是大都市市域范围内的客运轨道交通系统,服务于城市与郊区、中心城市与卫星城、重点城镇间等的出行需求,服务范围一般在50~100km,其车站站间距短、密度大,设计速度宜在100~160km/h,但平均站间距原则上不小于3km。市域轨道交通属于广义城市轨道交通的范畴。

城际铁路是客运专线铁路,纳入国家铁路网系统,运营模式不同于城市轨道交通系统;市域铁路一般纳入城市轨道系统运营,只是与一般城市轨道交通系统相比更加快速、站间距更大。

2. 铁路站场的位置选择

在城市铁路布局中,站场位置起着主导作用,线路的走向是根据站场与站场、站场与服务地区的联系需要而确定的。铁路站场主要有客运站、货运站、编组站、工业站、港湾站以及铁路枢纽等种类,其中客运站和部分货运站与城市的关系最为密切。

(1)客运站的位置选择。

铁路部门为衡量车站客货运量和技术作业量大小以及在政治上、经济上和铁路网上的地位,为车站所划分的不同等级,称为车站等级。对以单项业务为主的客运站或货运站及编组站,根据《全国铁路车站等级核定办法》,站点等级可分为:特、一、二、三、四、五等站。

客运站的位置要能方便旅客,提高铁路运输效能,并与城市布局有机结合,因此应靠近市中心。如果客运站在距离城市中心2~3km的范围内,不论是位于市中心边缘还是市区边缘(城市用地过于分散的情况除外),使用都较为便利。

我国绝大多数城市只设一个客运站,这样管理、使用都比较方便。但是在大城市和特大城市,由于用地范围大,旅客多。只设一个客运站会使旅客过于集中,影响市内交通正常运转;另外,因自然地形(如山、河)的影响,城市布局分散或呈狭长带形时,只设一个客运站也不便于整个城市对铁路系统的使用。因此,这类城市中客运站宜分设(图6-4)。

对旅客来说,客运站仅是对外交通与市内交通的衔接点,到达旅行的最终目的地还须通过市内交通来完成,因此,客运站必须与城市的主要干道连接,直接通达市中心以及其他联运点(车站、码头等)。但是,也要避免交通性干道与车站站前广场互相干扰。为了方便旅客、避免干扰,可将地下轨道线路直接引入客运站或者将客运站建于市中心地下,或者将国家铁路、市郊铁路、地铁、公共汽车终点站以及相关服务设施集中布置在一幢建筑里(图6-5)。

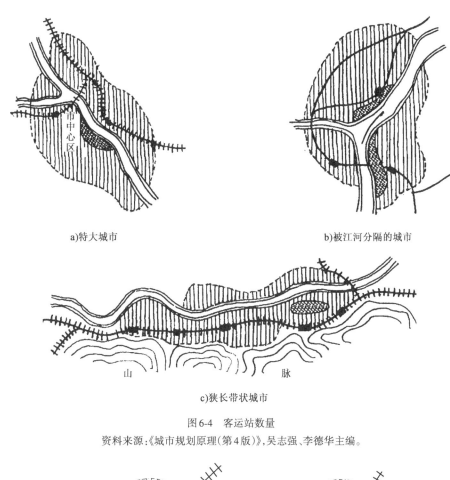

a) 特大城市　　　　　　　　　　b) 被江河分隔的城市

c) 狭长带状城市

图 6-4　客运站数量
资料来源：《城市规划原理(第4版)》，吴志强、李德华主编。

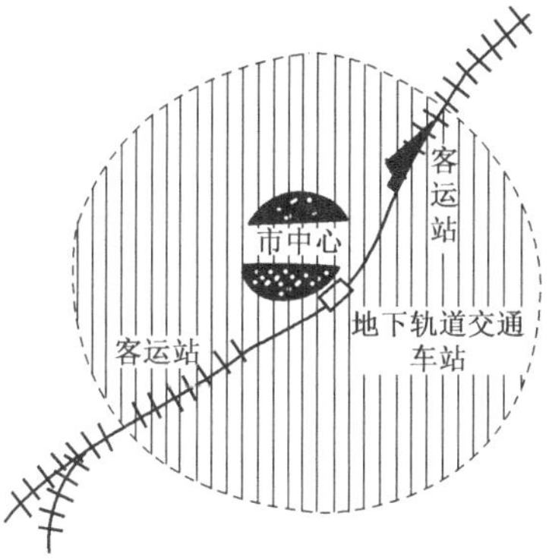

a) 以地下轨道线路将客运站旅客引入市中心 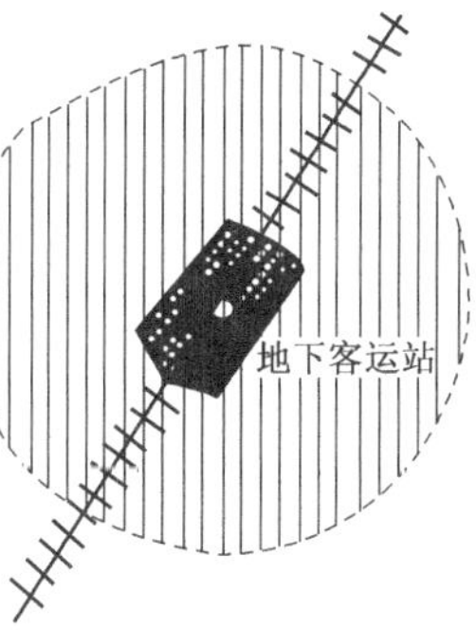　　b) 铁路直接延伸入市中心，设地下客运站

图 6-5　客运站与城市中心的不同联系方式
资料来源：《城市规划原理(第4版)》，吴志强、李德华主编。

（2）货运站的位置选择。

货运站是货物在城市对外交通与城市交通体系之间装卸转运的节点。在小城市，一般设置一个综合性货运站和货场即可满足货运需求；在大城市则要根据城市的性质、规模、运输量、城市布局(如工业、仓库的分布情况)等实际情况，分设若干综合性与专业性货运站以及综合性、专业性相结合的货运站，其位置要满足货物运输的经济性、合理性要求(即加快装卸速度、缩短运输距离),另一方面也要尽量减少对城市的干扰。

二、港口在城市中的布置

港口是水陆联运的枢纽。也是水上运输的枢纽。它的活动是由船舶航行、货物装卸、库场储存以及后方集疏运四个环节共同组成的。这四个生产作业系统的活动共同决定了港口的综合通过能力——吞吐量。由此可见,港口的生产活动必须由港口和城镇的相应设备设施来保证,且港口的综合通过能力将受到最薄弱环节的制约。因此,必须使各个环节紧密配合,相互协调。港口活动特点要求港口建设与城市建设必须配套进行。

港口分为水域与陆域两大部分(图6-6)。水域是供船舶航行、运转、停泊及水上装卸等作业活动使用的。它要求有一定的水深和水面面积,并且水面波动微弱;陆域是供旅客上下,货物装卸、存放、转载等作业活动使用,它要求有一定的纵深与高程。

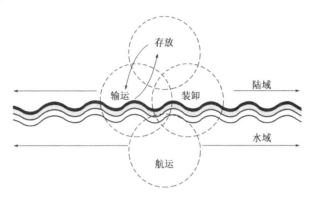

图6-6 港口活动示意图
资料来源:《城市规划原理(第4版)》,吴志强、李德华主编。

港口后方集疏运是港口城市交通的重要组成部分。对城市而言,港口货物的吞吐主要包括了两类货流:一是以城市港口为中转点向城市腹地集散的货流;二是起讫点位于城市内部,由城市本身消耗与产生的货流。前者主要是以中长距离运输为主的城市对外交通流;后者则主要是以短途运输为主的城市市内交通流。它们之间必然产生互为补充的衔接联系,从而推动构成完善的城市交通运输网,以解决港口后方的集疏运问题。现代港口城市发展与建设,首先反映在快速高效的城市对外交通与城市道路系统的建立。港口城市还必须摆脱城市原有道路的束缚,按现代港口集疏运的要求将现在的各种集疏运方式,如高速公路、铁路、水运(包括近海、内河、运河)、空运以及管道等整合组成新的交通运输网。这种新的交通运输网应与城市生活交通街道系统分离,构成快速、高效集疏运体系。

为了提高装卸效率,防止环境污染,方便港区管理,降低运输成本,现代港口的发展出现了船舶大型化、装卸机械化、码头专业化的趋势和特点。

三、公路在城市中的布置

1. 公路与城市的连接

我国许多城市是沿着公路逐渐发展形成的,部分城镇公路自内部穿越城镇并向外伸展。在这些地区,公路与城镇道路并不分设,它既是城镇的对外公路,又是城镇的主要道路,公路两侧商业、服务设施很集中,行人密集,车辆往来频繁,相互干扰很大。由于过境交通分割居住区,不利于交通安全,影响居民生活安宁。因此这种布置远不能适应城市发展的要求。

城市规划中公路交通与城市的关系有以下三种情况:

(1)以城市为目的地的到达交通,要求线路直通市区,并与城市干道直接衔接。

(2)与城市关系不大的过境交通,或者是通过城市但可不进入市区,仅作暂时停留(或过夜)的车辆,一般宜尽量由城市边缘通过。

(3)联系市郊各区的交通需求一般多通过绕城干道解决。

我国高速公路的断面组成是在中央设分隔带,使车辆分向安全行驶,与其他线路交叉时采用立体交叉的设计方式,并控制出入口交通。此外还有完善的安全防护措施,设有供汽车高速(限速通常在80~120km/h之间)行驶的专用道。它的布置应在市区外,与市区的联系必须通过专用通道,或采用互通式立体交叉实现(图6-7)。

2. 公路站场的布局

公路站场按运输性质不同可分为客运站、货运站;按其车站在运输线路上所处位置的不同,可分为终点站、中间站、区段站。长途汽车站场的位置选择对城市规划布局有很大影响。在城市总体规划中考虑功能分区和干道系统布置的同时,要合理布置汽车站场的位置,使它既方便使用,又不影响城市的生产和生活,并要与铁路车站,港区码头有较好的联系,以便于组织联运。大城市中可以将长途汽车站与铁路车站结合布置(图6-8)。大城市客运量大、线路方向多、车辆多,也可以采用分路线方向在城市中心区或中心区边缘设两个或多个客运站的方法,货运站与技术站也可分开设置。

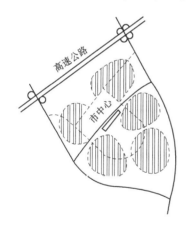

图6-7 高速公路与城市的连接
资料来源:《城市规划原理(第4版)》,吴志强、李德华主编。

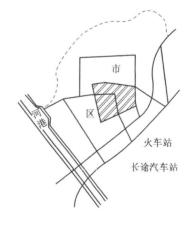

图6-8 长途汽车站与铁路车站结合布置
资料来源:《城市规划原理(第4版)》,吴志强、李德华主编。

四、航空港在城市中的布置

1. 航空港的位置选择

现代航空运输给人们带来了便利,缩短了运输时间,促进了经济贸易、文化交流,但现代航空港也给城市带来了以下问题:

(1)航空港与城市之间的地面交通联系问题。根据国外一些航空港的统计,航空港与城市联系的地面交通客流比民航旅客量大1~2倍。因此,如何快速、便利地解决城市与航空港之间的地面交通联系问题,是当前航空港规划中的一项重要任务。

(2)航空港对城市的干扰问题。航空港的活动,尤其是大型喷气客机的大量使用,扩大了净空限制与噪声干扰的范围。此外,机场、导航通信设备往往与城市电力、电信等设施互相干扰。这就关系到航空港与城市的相对位置以及它们相隔距离的确定问题。

正确选择航空港在城市的位置以及合理解决航空港与城市的交通联系问题是城市航空港规划的主要任务。航空港的选址关系到航空港本身与整个城市的社会、经济、环境效益,必须尽可能有预见性地、全面地考虑各方面因素的影响,以使航空港的位置有较长远的适应性,带来更大的效益。航空港位置的选择要考虑净空、噪声干扰和与城市的联系等。从净空限制的角度来看,机场的选址应使跑道在轴线方向尽量避免穿过城市市区,最好在与城市侧面,与城市区域相切的位置。在这种情况下,跑道中心线与城市市区边缘的最小距离应在5~7km。如果跑道中线通过城市,则跑道靠近城市的一端与市区边缘的距离至少应在15km以上,跑道轴线不得穿越居住区。

随着航空事业的发展,机场的设置数量会越来越多,在以一个城市为中心的周围地区常常会设置几座机场,邻近的机场应保持一定的距离,否则空域会交叉干扰,飞机活动也会相互制约。此外,对于一些航空交通量较小的城市,不足以单独设置航空港时,则该城市周围航空港的选址要考虑到与其共同使用的问题。

2. 航空港与城市的交通联系

由于机场对城市的噪声干扰越来越大,净空限制的要求越来越高,因此航空港与城市的距离也越来越远。由于航空交通量的增长,航空港的规模也越来越大,其周围地面交通量迅速增长,导致航空港周边车速下降。而空中航速不断提高,航时不断缩短造成了地、空交通时间比例差距的不断扩大,即地面交通时间不断增加,其所占通行总时间的比重也在不断增加,从而大大削弱了航空技术发展所带来的优势。因此陆域地面衔接交通问题已成为航空港选址规划时的突出矛盾。有效地解决航空港与城市的交通联系问题,对于发展现代航空交通具有重要意义。

(1)航空港与城市间的距离。

为使航空港与城市的联系更加紧密,航空港不宜远离城市,应在满足合理选址的各项条件的基础上,适当靠近城市。从地面交通的条件角度考虑,航空港与城市区域的距离在30km范围内是合适的,这样,可以保证将航空港与城市之间的通行时间通常控制在30min以内。10km以内的距离太短,难以满足净空限制和防止噪声干扰等要求。旧航空港多属此种情况,新航空港在选址上与城市边缘的距离应至少保持在10km以上。

(2)航空港与城市联系的交通组织。

航空港与城市的交通联系方式主要取决于港、城之间的交通流量,距离和服务质量要求等因素。汽车交通有直达性、速度快的优势。但是,汽车的容量有限。当港、城间的交通量越来越大时,车辆数量也相应增加,特别是在以私人小汽车为主要交通工具的国家,很容易出现公路拥挤、交通堵塞等现象,显然,仅用汽车交通组织航空港与城市间的客流不能适应航空运输迅速发展的需要。因此,一些国家也采用了其他交通方式,如使用铁路运输和城市轨道交通等交通方式将城市与航空港联系起来。

对于客运组织方式以公共交通为主的城市航空港,其港、城联系也可以通过城市航站楼来组织。联系港、城的公共交通不可能通达各家各户,通过城市航站楼接送集散往来于港、城的旅客以及有关客流,不仅可以减少港、城之间的车流量、客流量,提高运输效益,而且还可以在航站楼办理旅行的有关手续,如售票、托运行李和联检等。节省了旅客集中等候的时间,提高了服务质量。

第四节 城市交通的综合规划

一、城市交通结构

在城市客运和货运交通中,各种不同交通方式在其总量中所占的比例的组合称为城市交通结构。各种交通方式的速度、运载能力和占用道路的时空不同,对环境的污染也不同。因此,交通规划的基本任务就在于寻求一种较合理的交通结构,在适应和满足各种出行活动需求的情况下,使这些交通方式所占用的道路时间和空间的总和最小,使有限的道路面积发挥最大的效能,使土地开发取得最高的效益,对城市环境产生的公害最小,同时,实现这样的交通结构所花费的建设费用和运营费用又能尽可能低廉。

1. 城市客运交通方式与结构

小汽车交通、公共交通、非机动交通(以自行车、步行为主)是我国城市客运的主要交通方式。从总体上看,我国城市客运交通结构中个体机动车的使用比例上升很快,但非机动车交通出行依然保留较高比重。在大城市或都市区内应该鼓励公共交通的发展,特别是大运量轨道交通的发展。而轨道交通与自行车的换乘又可以有效地扩大轨道交通的影响范围,所以在规划中必须注意多模式集成化交通体系的建设。

2. 公交优先

城市公共交通也称公共运输,泛指所有收费提供客运交通服务的运输方式,也包含较少数的免费服务。公共交通系统由道路、交通工具、站点设施等物理要素构成,是重要的城市基础设施,关系国计民生,具有大运量、集约化经营、节省道路空间、污染轻等特点。

按照交通设施的运送规模可分为:①大运量运输系统:通常每小时单向单线运送乘客数在3万~6万人次,高峰时段可超过10万人次,地铁、地面或高架的城市铁路属于这一类系统;②中运量运输系统:每小时单向单线运送乘客数在0.3万~2万人次,例如公共汽车、有轨电车、轻轨以及单轨等交通系统;③个人运输系统:每次1~5人,以出租汽车为主。

城市公共交通实际上包含着丰富多样的交通方式,有公共汽(电)车、快速公交、出租汽车、各种形式的轨道交通、缆车、索道以及轮渡、水上巴士等城市水上交通等。对城市公共交通服务质量的考核包括多项指标,如运营速度、准点率、方便程度和舒适度等。

我国城市的空间形态属于集中紧凑型,居民的居住、购物、生活活动都集中在市区,为发展城市公共交通提供了良好的客运条件。在客运繁忙的大城市,应实施"公交优先"的管理模式,充分发挥公共交通的主导作用。国内外一些城市采取了一些落实"公交优先"的措施,如交叉口公交车优先放行、开辟公交车专用道、允许公交车在单向交通道路上逆向行驶、限制小汽车进入市中心区域、在市郊高速公路与城市公交线路的交会处修建免费停车场以方便小汽车与公交换乘等。为了最大限度地接近城市居民、方便乘车,应将快速公共客运线路引进城区内部,并使住宅区分布与公共客运路线相适应。

二、城市综合交通体系规划主要内容

城市综合交通体系规划是城市规划体系的重要组成部分,其应包括下列主要内容。

1. 调查、评估与现状分析

以交通调查为依据,评估城市在执行的城市综合交通体系规划现状与交通现状、分析交通发展和规划实施中存在的问题,构建交通需求分析模型。

2. 城市交通发展战略与政策

根据城市发展目标等,确定交通发展与土地使用的关系;预测城市综合交通体系发展趋势与需求;确定城市综合交通体系发展目标及各种交通方式的作用、发展要求和目标;提出交通发展战略和政策;确定不同发展地区交通资源分配利用的原则,并根据交通发展特征提出个体机动车交通需求管控与提高绿色交通分担率的交通需求管理政策。

3. 对外交通系统规划

确定对外交通系统组织与发展策略。提出重要公路、铁路、航空、水运和综合交通枢纽等设施的功能等级与布局规划要求以及城市对外交通与城市内部交通的衔接要求。

4. 城市交通系统组织

确定交通系统组织的原则和策略;论证客货运交通走廊布局与特征;论证公共交通系统的构成与定位,确定集约型公共交通系统的组成;确定货运通道布局要求。

5. 交通枢纽

提出城市各类客货交通枢纽规划建设和布局原则。确定各类交通枢纽的总体规划布局、功能等级、用地规模和衔接要求。

6. 公共交通系统

确定城市公共交通优先措施。规划有城市轨道交通的城市应提出轨道交通网络和站场的布局与发展要求;确定公共汽电车网络结构与布局要求,确定城市快速公交走廊、公共交通专用道的布局;确定公共汽电车车辆发展规模、要求与场站布局、规模;提出其他辅助型公共交通发展的要求;确定公共交通站场设施黄线划定要求。

7. 步行与非机动车交通

确定步行与非机动车交通系统网络布局和设施规划指标,确定步行与非机动车交通系统的总体布局要求。

8. 道路系统

确定城市干线道路系统和集散道路的功能等级、网络布局、红线控制要求,断面分配建议,以及主要交叉口的基本形式,交通组织与用地控制要求,提出城市不同功能地区支线道路的发展要求。

9. 停车系统

论证城市各类停车需求,提出城市不同地区的停车政策,确定不同地区停车设施布局和规模等规划要求。

10. 交通信息化

提出交通信息化的发展策略与要求。

11. 近期建设

制定近期交通发展策略、重大交通基础设施建设实施计划和措施。

12. 保障措施

提出保障规划实施的政策、法规、交通管理、投资、体制等方面的措施。

除以上几点外,城市综合交通体系规划还可以根据城市特色,增加旅游交通规划等内容。

第五节 城市交通发展新模式与新理念

一、TOD模式

1. TOD的基本概念

公共交通导向式开发(TOD)是规划一个居民或者商业区时,使公共交通使用最大化的一种非汽车化的规划设计方式。这个概念由新城市主义代表人物彼得·卡尔索尔普提出,这是一种为了解决二战后美国城市无限制扩张问题而采取的一种以公共交通为中枢,综合发展步行化城区的设计规划理念。其中公共交通主要包括地铁、轻轨等轨道交通及巴士干线,然后以公交站点为中心、以400~800m(5~10min步行路程)为半径建立集工作、商业、文化、教育、居住等于一体的城区,以实现各个城市组团紧凑型开发的有机协调模式。

TOD是国际上具有代表性的城市社区开发模式,同时也是新城市主义最具代表性的模式之一,被广泛利用在城市开发中,尤其是在城市尚未成片开发的地区,通过先期对规划发展区的用地以较低的价格征用,并引入公共交通,形成开发地价的时间差,然后出售基础设施完善的"熟地",政府从土地升值的回报中回收公共交通规划与设施建设的先期投入。

2. 相关措施

(1)组织紧凑的、以公共交通为主要交通组织方式的开发。
(2)将商业、住宅、办公楼、公园和公共建筑设置在步行可达的公交站点的范围内。
(3)建造适宜步行的街道网络,将居民区各建筑连接起来。
(4)混合多种类型、密度和价格的住房。
(5)保护生态环境和河岸带,留出高质量的公共空间。
(6)使公共空间成为建筑导向和邻里生活的焦点。
(7)鼓励在现有邻里交通走廊沿线实施填充式开发或者再开发。

二、四网融合及轨道上的都市

1. 四网融合的概念

即推进城市轨道交通与市郊铁路、城际铁路、干线铁路融合发展,逐步构建起"一套体系、一网运管、一票通行、一站安检"的服务体系。

2. 四网融合及轨道上的都市建设要点

四网融合是为适应新型城镇化战略需要,在资源共享的前提下,发挥各级轨道网络技术优势,满足不同空间圈层多层次差异性出行需求,消除轨道交通服务区域空间空白。四网融合是基于合理的功能级配结构体系,实现"功能互补,服务兼顾,互联互通,资源共享"一体化服务。但"功能互补"不等于各级网络功能的相互取代;"互联互通"也不等于一定要"过轨运行",而是要着眼于不同网络服务界面的友好衔接。

四网融合发展从以下四个方面提升融合发展水平。

(1)规划整合。网络、通道资源整合,避免资源浪费,提升服务水平。以城市为主导编制融合发展规划,根据乘客出行需求,坚持规划先行,统筹规划不同层次轨道交通网络,相互衔接补充。做到规划与土地有机协调,做好土地预留,实现不同层次轨道交通网络、通道资源的合理利用与共享,重视各层级网络功能的兼容和代偿,避免资源浪费。

(2)枢纽融合。做好枢纽的相关规划,采用多线多点换乘等方式,做好换乘站的衔接服务。打造一体化综合交通枢纽,提高联程联运的服务水平和效率。

(3)运服联合。运输管理模式一体化,尝试使运输生产组织管理、运输移动设备管理、运输安全管理、运输设备设施维修管理协调统一。综合考虑客流特征和运输能力,统筹安排多网的运营组织模式和开行方案,考虑预留贯通运行、跨线运行、互联互通条件。适时推进既有线路硬件设施改造,重点通道走廊复线化。实现灵活运营及到发车时间和首末班车相衔接等。统筹服务标准,提升服务水平,统一管理流程,安检互信,构建"互联网+"服务,提供全方式、全环节、全覆盖的交通接驳信息,推送和查询系统等。

(4)制度配合。健全相关法律法规、标准规范,根据各部门职责分工,积极推进规章制度、行业标准制定和规范研究及编制工作。构建高效畅通的协调机制,克服网络融合体制机制障碍。加快研究和试点推广轨道与周边土地一体化开发,完善相关配套政策和保障措施,促进轨道交通可持续发展。

第七章
城市基础设施及工程管线综合规划

第一节 城市基础设施规划的相关概念与内容

一、城市基础设施的范畴

城市基础设施是城市生存和发展所必须具备的工程性基础设施和社会性基础设施的总称,是城市中为顺利进行各种经济活动和其他社会活动而建设的各类设备的总称。

城市基础设施对生产单位尤为重要,是其达到经济效益、环境效益和社会效益的必要条件之一。城市基础设施一般分为两类,分别是工程性基础设施和社会性基础设施。工程性基础设施一般指交通运输系统、给排水系统、能源系统、通信系统、防灾系统以及环境系统等六大系统(图7-1)。社会性基础设施则指城市行政管理、文化教育、医疗卫生、基础性商业服务、教育科研、宗教、社会福利及住房保障等。在我国,城市基础设施多指工程性基础设施。

《国土空间调查、规划、用途管制用地用海分类指南》将城市建设用地内的城市基础设施用地分为道路与交通运输用地和公用设施用地两大类。其中,公用设施用地又分为供水用地、排水用地、供电用地、供燃气用地、供热用地、通信用地、邮政用地、广播电视设施用地、环卫用地、消防用地、水工设施用地、其他公用设施用地,涵盖了除交通基础设施用地外的其他基础用地(表7-1)。

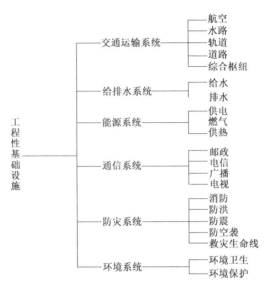

图7-1 工程性基础设施

《国土空间调查、规划、用途管制用地用海分类指南》中规定的公用设施用地分类与代码　　表7-1

代码	名称	含义
13	公用设施用地	指用于城乡和区域基础设施的供水、排水、供电、供燃气、供热、通信、邮政、广播电视、环卫、消防、水工等设施用地
1301	供水用地	指取水设施、供水厂、再生水厂、加压泵站、高位水池等设施用地
1302	排水用地	指雨水泵站、污水泵站、污水处理、污泥处理厂等设施及其附属的构筑物用地,不包括排水河渠用地
1303	供电用地	指变电站、开关站、环网柜等设施用地,不包括电厂、可再生能源发电等工业用地。高压走廊下规定的控制范围内的用地应按其地面实际用途归类
1304	供燃气用地	指分输站、调压站、门站、供气站、储配站、气化站、灌瓶站和地面输气管廊等设施用地,不包括制气厂等工业用地
1305	供热用地	指集中供热厂、换热站、区域能源站、分布式能源站和地面输热管廊等设施用地
1306	通信用地	指通信铁塔、基站、卫星地球站、海缆登陆站、电信局、微波站、中继站等设施用地
1307	邮政用地	指邮政中心局、邮政支局(所)、邮件处理中心等设施用地
1308	广播电视设施用地	指广播电视的发射、传输和监测设施用地,包括无线电收信区、发信区以及广播电视发射台、转播台、差转台、监测站等设施用地
1309	环卫用地	指生活垃圾、医疗垃圾、危险废物处理和处置,以及垃圾转运、公厕、车辆清洗、环卫车辆停放修理等设施用地
1310	消防用地	指消防站、消防通信及指挥训练中心等设施用地
1311	水工设施用地	指人工修建的闸、坝、堤林路、水电厂房、扬水站等常水位岸线以上的建(构)筑物用地,包括防洪堤、防洪枢纽、排洪沟(渠)等设施用地
1312	其他公用设施用地	指除以上之外的公用设施用地,包括施工、养护、维修等设施用地

二、城市基础设施的构成

1. 城市交通系统

城市交通设施系统指的是为保证城市人与物的空间移动正常进行而配备的各项工程设施,主要包括城市航空交通工程、城市水运交通工程、城市轨道交通工程、城市道路交通工程和城市综合交通枢纽。

(1)城市航空交通工程。

城市航空交通工程系统包括的基础设施主要有城市航空港、市内直升机场以及军用机场等。

(2)城市水运交通工程。

城市水运交通工程系统分为海运交通和内河交通等两部分。海运交通设施包括海上客运站、海港等;内河水运交通设施包括内河(包括湖泊)客运站、内河货运滩区、码头等。

(3)城市轨道交通工程。

城市轨道交通工程系统包括市际轨道交通、市内轨道交通两部分。市际轨道交通工程是为某一区域内的各个城市和重要城镇的旅客出行而服务的便捷、快速、衔接合理的工程系统;市内轨道交通包括地铁、轻轨和有轨电车。部分城市内部用于交通运输的磁悬浮列车也在市内轨道交通范畴内。交通设施包括地铁站、轻轨站、调度中心、车辆场(库)和地下、地面、架空轨道以及桥涵等。

(4)城市道路交通工程。

城市道路交通工程系统分为公路交通与城区道路交通两部分。公路交通设施包括长途汽车站、货运站、高速公路、汽车专用道、公路以及为其配套的公路加油站、停车场等;城区道路交通具有城区陆上日常客货交通运输主体功能,也是城市居民各种出行的必备设施。城区道路交通设施有各类公交站场、车辆保养场、加油场、停车场、城区道路以及桥涵、隧道等。

(5)城市综合交通枢纽。

城市综合交通枢纽是指位于综合交通网络交会处,一般包括两种及以上运输方式,由高速公路、铁路、干线公路、航空港、陆路港等重要线路和站场等设施组成,是旅客和货物通过、到发、换乘与换装以及开展运载工具相关技术作业的场所,又是各种运输方式之间、城市交通与城市对外交通的衔接处。按照枢纽内部主导交通方式,可把综合交通枢纽分为:铁路综合交通枢纽、公路综合交通枢纽、城市轨道综合交通枢纽和机场综合交通枢纽四类。国内外典型的综合交通枢纽包括德国柏林中央火车站、德国慕尼黑国际机场、美国纽约港务局汽车总站、上海虹桥综合交通枢纽等。

2. 城市给排水系统

城市给排水系统分为城市给水系统和排水系统。城市给水系统由城市取水工程、净水工程和输配水工程构成。

(1)取水工程。

城市取水工程涉及的基础设施包括城市水源、取水口、取水构筑物、提升原水的一级泵站以及输送原水到净水工程的输水管等,还应包括在特殊情况下为蓄、引城市水源所筑的水闸、堤坝等设施。

(2)净水工程。

净水工程相关基础设施包括城市自来水厂、清水库、输送净水的二级泵站等。

(3)输配水工程。

输配水工程的基础设施包括从净水工程输入城市供配水管网的输水管道、供配水管网以及调节水量、水压的高压水池、水塔、清水增压泵站等。

城市排水系统由雨水排放工程、污水处理与排放工程组成。

(1)城市雨水排放工程。

城市雨水排放工程的基础设施包括雨水管渠、雨水收集口、雨水检查井,雨水提升泵站、排涝泵站、雨水排放口、水闸、堤坝等。

(2)城市污水处理与排放工程。

城市污水处理工程的功能主要是收集与处理城市各种生活污水和生产废水,综合利用并妥善排放处理后的污水,控制与治理城市水污染,保护城市与区域的水环境。城市污水处理工程相关基础设施主要包括污水处理厂(站)、污水管道、污水检查井、污水提升泵站、污水排放口等。

(3)城市中水工程。

城市中水(即再生水)设施主要包括三个部分,即中水原水设施、中水处理设施以及中水供水设施。中水原水设施主要是指收集、输送中水原水到中水处理设施的管道及附属构筑物;中水处理设施主要构筑物有沉淀池、混凝池、生物处理设施等;中水供水设施主要包括中水配水管道、中水贮水池、中水泵站等。

3. 城市能源系统

城市能源系统由城市供电工程、燃气工程和供热工程构成。

(1)城市供电工程系统。

城市供电工程由城市电源工程、城市输配电网络工程构成。

城市电源工程需要配备城市电厂和区域变电所(站)。城市电厂是专为本城市服务的各类发电厂,如火力发电厂、水力发电厂(站)、核能发电厂(站)、风力发电厂、地热发电厂等。区域变电站是城市从区域电网引入电源的变电站。

城市输配电网工程由城市输送电网和配电网组成。城市输送电网工程的基础设施包括城市变电所(站)和从城市电厂、区域变电所(站)接入的输送电线路等。城市配电网络工程由高压、低压配电网组成,包括变配电所(站)、开关站、电力线路等设施。

(2)城市燃气工程系统。

城市燃气工程系统由燃气气源工程,储气工程,输配气管网工程组成。

燃气气源工程具有为城市提供可靠的燃气气源的功能,配备有煤气厂、天然气门站、石油液化气气化站、生物质气制气设施(如沼气)等设施。

燃气储气工程配备有各种管道燃气的储气站石油液化气储存站等设施。

燃气输配气管网工程基础设施包含燃气调压站,不同压力等级的燃气输送管网、配气管道。

(3)城市供热工程系统。

城市供热工程由供热热源工程和传热管网工程组成。

供热热源工程基础设施包括城市热电厂(站)、区域锅炉房、换热站、大型热泵站等设施。

供热管网工程基础设施包括热力泵站、热力调压站和不同压力等级的蒸汽管道、热水管道等设施。

4. 城市通信系统

城市通信系统由城市邮政工程、城市电信工程、城市广播工程和城市电视工程组成。

(1)城市邮政工程。

城市邮政系统中通常设有邮政局所、邮政通信枢纽、报刊门市部、售邮门市部、邮亭等设施。邮政局所经营邮件传递、报刊发行、邮政储蓄等业务。邮政通信枢纽起收发、分拣各种邮件之作用。

(2)城市电信工程。

城市电信系统从通信方式上可分有线电话和无线电通信两部分,由电信工程电信局(所、站)工程和电信网工程组成。电信局(所、站)工程中设有长途话局、市话局(含各级交换中心、汇接局、端局等)、微波站、移动通信基站、线寻呼台以及无线电收发讯台等设施,具有各种电信量的收发、交换、中继等功能。电信网工程配备有包括电信光缆、通信电缆、光接点、电话接线箱等设施,具有传送电信信息流的功能。

(3)城市广播工程。

城市广播工程从发播方式上可分为无线电广播和有线广播等两种。广播系统含有广播台站工程和广播线路工程。前者配备了无线广播电台、有线广播电台、广播节目制作中心等设施。后者配备了有线广播的光缆、电缆及光电缆管道等。

(4)城市电视工程。

城市电视工程系统有无线电视和有线电视(含闭路电视)两种发播方式,由电视台(站)工程和线路工程组成。电视台(站)工程设有无线电视台、电视节目制作中心、电视转播台、电视差转台以及有线电视台等设施。线路工程主要配备有线电视及闭路电视的光缆,电缆管道、光接点等设施。

5. 城市防灾系统

城市防灾系统主要由城市消防工程、防洪(潮汛)工程、抗震工程、防空袭工程及救灾生命线系统组成。

(1)城市消防工程。

城市消防工程应设有消防站(队)、消防给水管网、消火栓、消防通信设备、消防车道等设施。

(2)城市防洪(潮、汛)工程。

城市防洪(潮、汛)工程系统基础设施包括防洪(潮、汛)堤、截洪沟、江分洪闸、防洪闸、排涝泵站等设施。

(3)城市抗震工程。

城市抗震工程主要由避难疏散通道、避难疏散场所(含场地和建筑物)、生命线工程组成。其中,避难疏散场地按照功能可分为临时性紧急避难场地和固定避难场所。临时性紧急避难场地要尽量靠近人员密集区;固定避难场所应配套水电等基本生活设施,拥有可安置更多人员的大空间。生命线工程是指在地震发生后,保障紧急救援所需的供水、供电、通信等工程。

(4)城市人民防空袭工程(简称人防工程)。

城市人防工程应设置防空袭指挥中心、专业防空设施、防空掩体工事、地下建筑,地下通道以及战时所需的地下仓库、水厂、变电站、医院等设施。

(5)城市救灾生命线系统工程。

城市救灾生命线系统工程是维持城市居民生活和生产活动必不可少的城市基础设施,由城市急救中心、疏运通道以及给水、供电、通信等设施组成。

6. 城市环境系统

城市环境系统由城市垃圾处理厂（场）、垃圾填埋场组成，配备有垃圾收集站、转运站、车辆清洗场、环卫车辆场、公共厕所以及城市环境卫生管理设施。

三、城市基础设施的地位与作用

基础设施在城市规划建设中具有重要的地位和不可或缺的作用，基础设施规划在城市总体规划中充当重要角色，是城市总体规划的核心组成部分。基础设施是城市生存和发展的保障，基础设施供给能力是决定城市规模的主要因素，基础设施供给方式和质量是影响城市综合服务水平的主要因素。

随着城市规模的增长，城市资源承载力已成为城市发展的刚性约束，然而城市对水资源、能源的需求规模和质量要求都在提升。如何保障资源的持续、高效、高质、安全供给，是城市总体规划必须关注的关键问题。国内的北京、上海、广州、深圳等城市都将基础设施发展战略明确纳入城市重大战略研究课题中。在规划地位上，将基础设施战略作为城市总体规划编制前期的重点战略；在规划编制体系上，充分考虑了基础设施系统之间的相关性；在规划成果导向上，突出结论的可操作性，既作为城市总体规划的依据和借鉴，又可落实到项目库、近中期行动计划中，确保重要项目落地。

四、城市基础设施规划的类型与基本步骤

1. 独立的基础设施专项规划

即城市总体规划层面的交通、供水、排水、供电、燃气、供热、通信、环卫等专项规划，是专业部门实施具体规划的依据，即根据该系统所要达到的目标，选择确定恰当的标准和设施。例如对于供电工程而言，该工程系统规划需要预测城市的用电量，用电负荷作为规划的目标，可以在电源选择、输配电设施规模、容量、电压等要素的确定以及输配电网络与变配电设施的布局等方面作为重要参考依据。

2. 作为法定规划的组成部分

城市基础设施规划也是与城市总体规划、控制性详细规划、修建性详细规划编制相配套的专项规划。

各专项系统规划的层次划分与编制的顺序基本相同，并与相应的城市规划层次相对应。即在拟定工程系统规划建设目标的基础上，按照空间范围的大小和规划内容的详细程度，依次分为城市工程系统总体规划、城市工程系统分区规划、城市工程系统详细规划。

各专项规划的工作程序也基本相同，依次为对该系统所应满足的需求进行预测分析；确定规划目标，并进行系统选型；确定设施及管网的具体布局。以下列举几种工程管线规划设计的主要环节与步骤：

（1）城市给水工程系统规划的主要环节与步骤为：①预测城市用水量；②确定城市给水规划目标；③城市给水水源规划；④城市给水网络与输配设施规划；⑤估算工程造价。

（2）城市排水工程系统主要由两大部分组成，一是城市污水排放与处理系统，二是城市雨

水排放系统,其具体实施步骤均包括排水量估算、排水体制的选择、排水管网的布置、污水处理方式选择与设施布局以及工程造价及经营费用估算等环节。

(3)城市供电工程系统规划的主要步骤包括城市电力负荷预测、供电电源规划、供电网络规划以及电力线路规划等。

(4)城市燃气工程系统规划的主要步骤包括城市燃气负荷预测、城市燃气系统规划目标确定、城市燃气气源规划、城市燃气网络与储配设施规划等内容。

(5)城市供热工程系统规划的主要步骤包括热负荷预测,热源规划以及供热管网与输配设施规划等内容。

(6)城市通信工程规划内容的主要步骤有城市通信需求量预测、城市通信设施规划、城市有线通信网络线路规划以及城市无线通信网络规划等。

第二节　城市工程管线的综合布置

一、城市工程管线的概念与分类

工程管线是指为满足生活、生产需要,在地下或架空敷设的各种专业管道和缆线的总称,但不包括工业工艺性管道。根据性能、用途、输送方式、敷设形式、弯曲程度等,城市工程管线有不同的分类。

1. 按性能和用途分类

我国通常的城市工程管线主要包括下面7类管线。
(1)给水管道:包括生活给水、工业给水、消防给水等管道。
(2)排水管渠:包括工业污水(废水)、生活污水等管道和明沟。
(3)雨水灌渠:包括雨水、降低地下水等管道和明沟。
(4)电力管线:包括高压输电,高低压配电、生产用电、电车用电等线路。
(5)电信管线:包括电话、电报、有线广播、有线电视等线路。
(6)热力管道:包括蒸汽、热水等管道。
(7)燃气管道:包括天然气、煤气、液化石油气、生物质气等管道。

2. 按输送方式分类

(1)压力管道:指管道内流动介质由外部施加力使其流动的工程管道,通过一定的加压设备将流动介质由管道系统输送给终端用户。给水、燃气、供热管道一般为压力管道。

(2)重力自流管道:指管道内流动着的介质在重力作用下沿管道延伸方向流动的工程管道。这类管线有时还需要中途提升设备高度将流体介质引向终端。污水、雨水管道一般为重力自流管道。

(3)光电流管线:管线内输送介质为光、电流。这类管线一般为电力和通信管线。

3. 按敷设方式分类

(1)架空敷设管线:指通过地面支撑设施在空中布设的工程管线,如架空电力线、架空电话线以及架空供热管等。

(2)地铺管线:指在地面铺设明沟或盖板明沟的工程管线,如雨水沟渠。

(3)地下敷设管线:指铺设在地面以下一定深度的工程管线。地下敷设管线有直埋和综合管沟两种敷设方式。地下直埋管线又依据埋置深度可分为深埋(深度大于1.5m,如给水、排水、燃气管线等)和浅埋(深度小于或等于1.5m,如热力、通信、电力管线等)两类。埋设深度是根据土壤冰冻层的深度和管线上方所承受荷载而定的,即若管道内介质是水或易凝固的液体,则该管道应埋置在冰冻层下。

4. 按弯曲程度分类

(1)可弯曲管线:指采取某些加工措施后,易将其弯曲的工程管线,如电信电缆、电力电缆、自来水管道等。

(2)不易弯曲管线:指通过加工措施也不易将其弯曲的工程管线或强行弯曲会损坏的工程管线,如电力管道、电信管道、污水管道等。

工程管线的分类方法很多,通常可根据工程管线的不同用途和性能来划分。各种分类方法反映了管线的特征,是进行工程管线综合布置时管线避让的依据之一。

二、城市工程管线综合布置

1. 主要内容

(1)协调各工程管线布局;

(2)确定工程管线的敷设方式;

(3)确定工程管线敷设的排列顺序和位置,确定相邻工程管线的水平间距、交叉工程管线的垂直间距;

(4)确定地下敷设的工程管线控制高程和覆土深度等。

城市工程管线综合布置重点面向七类管线(三水两电一气热):给水、雨水、污水、电力、通信、燃气、热力管道。

2. 相关要求

城市工程管线综合规划应近远期结合,考虑远景发展的需要,并应结合城市的发展现状合理布置,充分利用地上、地下空间,与城市用地、城市交通、城市景观、综合防灾和城市地下空间利用等规划相协调。

城市工程管线综合规划应能够指导各工程管线的工程设计,并应满足工程管线的施工、运行和维护的要求。

3. 布局原则

(1)规划中各种管线的定位应采用统一的城市坐标系统及标高系统。工厂企业、单位内的管线可以采用自定的坐标系统,但其区界、管线进出口则应与城市主干管线的坐标一致。如存在几个不同的坐标系统,必须加以换算,取得统一。

(2)管线综合布置应与道路规划、竖向规划协调进行。道路是城市工程管线的载体,道路走向是多数工程管线走向和坡向的规划和设计依据。竖向规划和设计是城市工程管线专业规划的前提,也是进行管线综合规划的前提,在进行管线综合规划之前,必须进行竖向规划。

(3)管线敷设方式应根据管线内介质的性质、管线所处地形、生产安全、交通运输、施工检修等因素,经技术经济比较后择优确定。

（4）管线带的布置应与道路或建筑红线平行。

（5）必须在满足生产、安全、检修等条件的同时节约城市地上与地下空间。当技术经济比较合理时,管线应共架、共沟布置。

（6）应减少管线与铁路、道路及其他干管的交叉。当管线与铁路或道路交叉时,交叉方式应为正交。在困难情况下,其交叉角不宜小于45°。

（7）当规划区需分期建设时,管线布置应全面规划,近期集中,近远期结合。近期管线穿越远期用地时,不得影响远期用地的使用。

（8）管线综合布置时,干管应布置在用户较多的一侧或分类布置在道路两侧。

（9）工程管线与建筑物、构筑物之间以及工程管线之间的水平距离应符合规范规定。当受道路宽度、断面以及现状工程管线位置等因素限制,难以满足要求时,可重新调整规划道路断面或宽度。在一些有历史价值的街区进行管线敷设和改造时,如果管线间距不能满足规范规定,又不能进行街道拓宽或建筑拆除,可以在采取一些安全措施后,适当减小管线间距。

（10）在同一条城市干道上敷设同一类别管线较多时,宜采用专项管沟敷设。

（11）在交通十分繁忙,管线设施繁多的快车道、主干道以及配合兴建地下铁道、立体交叉等工程地段,不允许随时挖掘路面的地段以及广场或交叉口处,道路下需同时敷设两种以上管道以及多回路电力电缆的情况下,道路与铁路或河流的交叉处,开挖后难以修复的路面下以及某些特殊建筑物下,应对工程管线进行综合管沟集中敷设。

（12）敷设主管道干线的综合管沟应在车行道下,其覆土深度必须根据道路施工和行车荷载的要求,综合管沟的结构强度以及当地的冰冻深度等确定。敷设支管的综合管沟,应位于人行道下,其埋设深度可较浅。

（13）电信线路与供电线路通常不合杆架设。在特殊情况下,征得有关部门同意并采取相应措施后（如电信线路采用电缆或皮线等）,可合杆架设。同一性质的线路应尽可能合杆,如高低压供电线等。高压输电线路与电信线路平行架设时,要考虑其互相干扰的影响。

4. 管线交叉避让原则

编制工程管线综合规划时,应减少管线在道路交叉口处的交叉。当工程管线竖向位置发生矛盾时,宜按下列规定处理。

（1）压力管让自流管。
（2）易弯曲的让不易弯曲的。
（3）管径小的让管径大的。
（4）分支管线让主干管线。
（5）临时性的让永久性的。
（6）工程量小的让工程量大的。
（7）新建的让现有的。
（8）检修次数少的、检修方便的让检修次数多的、检修不方便的。

5. 水平与竖向排序原则

（1）工程管线从道路红线向道路中心线方向平行布置的次序宜为电力、通信、给水（配水）、燃气（配气）、热力、燃气（输气）、给水（输水）、再生水、污水、雨水管线。

（2）工程管线在庭院内由建筑线向外方向平行布置的顺序,应根据工程管线的性质和埋设深度确定,其布置次序宜为电力、通信、污水、雨水、给水、燃气、热力、再生水管线。

(3)当工程管线交叉敷设时,管线自地表向下的排列顺序宜为通信、电力、燃气、热力、给水、再生水、雨水、污水管线。给水、再生水和排水管线应按自上而下的顺序敷设。

6. 直埋管线的一般规定

严寒或寒冷地区给水、排水、再生水、直埋电力及湿燃气等工程管线应根据土壤冰冻深度确定管线覆土深度;非直埋电力、通信、热力及干燃气等工程管线以及严寒或寒冷地区以外地区的工程管线应根据土壤性质和地面承受荷载的大小确定管线的覆土深度。根据《城市工程管线综合规划规范》(GB 50289—2016),工程管线的最小覆土深度应符合表7-2规定。当受条件限制不能满足要求时,可采取安全措施减少其最小覆土深度。

工程管线的最小覆土深度　　　　　　　　　　　　　　　表7-2

管线名称		最小覆土深度(m)	
		非机动车道(含人行道)	机动车道
给水管线		0.60	0.70
排水管线		0.60	0.70
再生水管线		0.60	0.70
电力管线	直埋	0.70	1.00
	保护管	0.50	0.50
通信管线	直埋及塑料、混凝土保护管	0.60	0.90
	钢保护管	0.50	0.60
直埋热力管线		0.70	1.00
燃气管线		0.60	0.90
管沟		—	0.50

工程管线在地下敷设时,一般应遵循以下原则。

(1)工程管线应根据道路的规划横断面布置在人行道或非机动车道下方。位置受限制时,可布置在机动车道或绿化带下方。

(2)工程管线在道路下方的规划位置宜相对固定,分支线少、埋深大、检修周期短和损坏时对建筑物基础安全有影响的工程管线应远离建筑物。工程管线从道路红线向道路中心线方向平行布置的次序宜为:电力、通信、给水、燃气、热力、污水、雨水管线。

(3)工程管线在庭院内由建筑线向外方向平行布置的顺序,应根据工程管线的性质和埋设深度确定,其布置次序宜为:电力、通信、污水、雨水、给水、燃气、热力管线。

(4)沿城市道路规划的工程管线应与道路中心线平行,其主干线应靠近分支管线多的一侧。工程管线不宜从道路一侧转到另一侧。道路红线宽度超过40m的城市干道宜在两侧布置配水、配气、通信、电力和排水管线。

(5)根据《城市工程管线综合规划规范》(GB 50289—2016),工程管线之间及其与建(构)筑物之间的最小水平净距应符合表7-3的规定。当受道路宽度、断面以及现状工程管线位置等因素限制,难以满足要求时,应根据实际情况采取安全措施后减少其最小水平净距。

(6)各种工程管线不应在垂直方向上重叠敷设。根据《城市工程管线综合规划规范》(GB 50289—2016),工程管线交叉时的最小垂直净距,应符合表7-4的规定。当受现状工程管线等因素限制难以满足要求时,应根据实际情况采取安全措施后减少其最小垂直净距。

表 7-3

工程管线之间及其与建(构)筑物之间的最小水平净距(m)

序号	管线名称及建(构)筑物		1 建(构)筑物	2 给水管线 d≤200mm	2 给水管线 d>200mm	3 污水、雨水管线	4 再生水管线	5 燃气管线 低压	5 中压 B	5 中压 A	5 次高压 B	5 次高压 A	6 直埋热力管线	7 电力管线 直埋	7 电力管线 保护管	8 通信管线 直埋	8 通信管线 管道、通道	9 管沟	10 乔木	11 灌木	12 地上杆柱 通信照明及<10kV	12 高压铁塔基础边 ≤35kV	12 高压铁塔基础边 >35kV	13 道路侧石边缘	14 有轨电车钢轨	15 铁路钢轨或坡脚
1	建(构)筑物		—	1.0	3.0	2.5	1.0	0.7	1.0	1.5	5.0	13.5	3.0	0.6		1.0	1.5	0.5	—	—	—	—	—	—	—	—
2	给水管线	d≤200mm	1.0	—		1.0	0.5	0.5	0.5	1.0	1.5	1.5	1.5	0.5		1.0		1.5	1.5	1.0	0.5		3.0	1.5	1.5	5.0
		d>200mm	3.0		—	1.5																					
3	污水、雨水管线		2.5	1.0	1.5	—	0.5	1.0	1.2	1.5	2.0	2.0	1.5	0.5		1.0		1.5	1.5	1.0	0.5		1.5	1.5	2.0	1.5	5.0
4	再生水管线		1.0	0.5		0.5	—	0.5	0.5	1.0	1.5	1.5	1.0	0.5		1.0		1.5	1.0	1.0	0.5		3.0	1.5	1.5	2.0	5.0
5	燃气管线	低压 B	0.7	0.5		1.0	0.5	DN≤300mm,0.4; DN>300mm,0.5					1.0	0.5	1.0	1.0	0.5	1.0	0.75		1.0		2.0	5.0	1.5	2.0	5.0
		中压 A	1.0			1.2																						
		中压 B	1.5	1.0		1.5	1.0																					
		次高压 A	5.0	1.5		2.0	1.5						1.5															
		次高压 B	13.5	1.5		2.0	1.5						2.0															
6	直埋热力管线		3.0	1.5		1.5	1.0	1.0	1.5	2.0		—		2.0		1.0	1.5	1.5	1.5	1.5	1.0	1.0		2.0		1.5	2.0	5.0
7	电力管线	直埋	0.6	0.5		0.5	0.5	1.0		1.0	1.0	1.5	2.0	2.0	0.25	0.1	1.0	1.5	1.0	0.7	1.0	1.0		3.0(>30kV 2.0)	1.5	2.0	10.0 (非电气化 3.0)
		保护管													0.1	0.1	<35kV 0.5; >35kV 2.0											

续上表

序号		1	2		3	4	5				6	7		8	9	10	11	12			13	14	15
		建(构)筑物	给水管线		污水、雨水管线	再生水管线	燃气管线				直埋热力管线	电力管线		通信管线	管沟	乔木	灌木	地上杆柱			道路侧石边缘	有轨电车钢轨	铁路钢轨或坡脚
			$d \leq$ 200mm	$d >$ 200mm			低压	中压		次高压		直埋	保护管	管道、通道	直埋			通信照明及<10kV	高压塔基础边				
								B	A	B	A									≤35kV	>35kV			
8	通信管线	直埋	0.5	0.5	1.0	1.0	0.5	1.0	1.0	1.0	1.5	1.0	<35kV, 0.5; >35kV, 2.0	—	0.5	1.0	1.5	1.0	0.5	0.5	2.5	1.5	1.5	2.0	2.0
		管道、通道	1.5	1.5	1.5	1.5	1.0	1.5	1.5	1.5	2.0	1.5	1.0		1.5									
9	管沟		0.5	1.0	1.0	1.5	0.5	0.75	1.0	1.2	4.0	1.5	0.7		1.0	1.0			1.0			0.5		
10	乔木		—	1.5	1.5	1.5			1.0		2.0		1.0		1.0				1.5					
11	灌木		—	1.0	1.0	1.0			1.0				1.0		0.5	1.0			—					
12	地上杆柱	通信照明及<10kV	—																					
		高压塔基础边 ≤35kV		3.0	1.5	3.0	1.5	2.0			5.0	3.0(>330kV, 5.0)	2.0		2.5	3.0			0.5			0.5			
		>35kV																							
13	道路侧石边缘		—	1.5	2.0	1.5	1.5		1.5		2.5	1.5	1.5		1.5	2.0	1.5	0.5				—	—	—
14	有轨电车钢轨		—	2.0	2.0	2.0	2.0		2.0		2.0	2.0	2.0		2.0	2.0			—			—	2.0	—
15	铁路钢轨(或坡脚)		—	5.0	5.0	5.0	5.0		5.0		5.0	5.0	10.0(非电气化3.0)		2.0	3.0	—	—	—			—	—	5.0

工程管线交叉时的最小垂直净距(m) 表 7-4

序号	管线名称		给水管线	污水、雨水管线	热力管线	燃气管线	通信管线		电力管线		再生水管线
							直埋	保护管及通道	直埋	保护管	
1	给水管线		0.15	—	—	—	—	—	—	—	—
2	污水、雨水管线		0.40	0.15	—	—	—	—	—	—	—
3	热力管线		0.15	0.15	0.15	—	—	—	—	—	—
4	燃气管线		0.15	0.15	0.15	0.15	—	—	—	—	—
5	通信管线	直埋	0.50	0.50	0.25	0.50	0.25	0.25	—	—	—
		保护管通道	0.15	0.15	0.25	0.15	0.25	0.25	—	—	—
6	电力管线	直埋	0.50*	0.50*	0.50*	0.50*	0.50*	0.50*	0.50*	0.25	—
		保护管	0.25	0.25	0.25	0.25	0.25	0.25	0.25	0.25	—
7	再生水管线		0.50	0.40	0.15	0.15	0.15	0.15	0.50*	0.25	0.15
8	管沟		0.15	0.15	0.15	0.15	0.25	0.25	0.50*	0.25	0.15
9	涵洞(基底)		0.15	0.15	0.15	0.15	0.25	0.25	0.50*	0.25	0.15
10	电车(轨底)		1.00	1.00	1.00	1.00	1.00	1.00	1.00	1.00	1.00
11	铁路(轨底)		1.00	1.00	1.00	1.00	1.00	1.00	1.00	1.00	1.00

*用隔板分隔时不得小于0.25m。

注:1.燃气管道采用聚乙烯管材料时,燃气管道与热力管道的最小垂直近距应按现行行业标准《聚乙烯燃气管道工程技术规程》(CJJ 63)执行。

2.铁路为时速大于等于200km/h客运专线时,铁路(轨底)与其他管线最小垂直净距为1.50m。

第三节 综 合 管 廊

一、综合管廊的定义

我国城市市政管网建设大致可以分为三个发展阶段,第一个阶段以架空线和直埋管线为主(20世纪90年代之前);第二个阶段以直埋管线为主(20世纪90年代至2015年);第三个阶段以直埋管线和综合管廊为主(2015年至今)。目前,我国正在大力推进综合管廊的规划与建设。

《城市综合管廊工程技术规范》(GB 50838—2015)定义:综合管廊是指建于城市地下用于容纳两种及以上市政工程管线的构筑物及附属设施。

《城市工程管线综合规划规范》(GB 50289—2016)第3.0.3条规定:城市工程管线宜在地下敷设,当架空敷设可能危及人身财产安全或对城市景观造成严重影响时应采取直埋、保护管、管沟或综合管廊等方式进行地下敷设。第4.2.1条规定,当遇下列情况之一时,工程管线宜采用综合管廊敷设:①交通流量大或地下管线密集的城市道路以及配合地铁、地下道路、城市地下综合体等工程建设地段;②高强度集中开发区域、重要的公共空间;③道路宽度难以满足直埋或架空敷设多种管线的路段;④道路与铁路或河流的交叉处或管线复杂的道路交叉口;⑤不宜开挖路面的地段。

综合管廊的优势为:①避免道路反复开挖;②集约化利用地上、地下空间资源;③管线增设、扩容较方便,管线可分阶段敷设;④减少腐蚀,延长管线使用寿命;⑤利用监视系统进行管线综合管理,提高管线安全性和稳定性。综合管廊的建设难点为:①一次性投资较大,不便分期建设;②需要科学规划设计,避免容量不足或过大,而预测较困难;③垄断性管线单位协调管理困难,费用分担问题较复杂;④各工程管线组合在一起,容易发生干扰事故。

可见,并不是城市里所有的地下管线都适合于综合管廊敷设。直埋管线与综合管廊之间的关系和地面公交与轨道交通之间的关系相似,是相辅相成、优势互补的关系。如果把城市能源输配体系比作一棵大树,区域级的市政站场就是大树的根,为这棵大树提供营养物质;综合管廊就是这棵大树的主干、支干,为这棵大树输送营养和水分;而直埋管线相当于是在不符合综合管廊经济效益要求的地方作为补充(图7-2)。

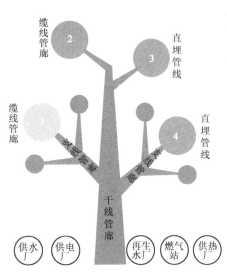

图7-2 综合管廊功能系统概念图

二、管线入廊的一般规定

城市中主要的市政管线有污水管、雨水管、给水管、热水管、电力电缆、通信、燃气管线等。对于入廊管道的选择,要做充分的分析与论证,其中的考虑因素包括:综合管廊的内部空间布置局限性、管廊走向标高、市政各管道主管单位的需求、入廊安全性等。

(1)天然气管道应在独立舱室内敷设。燃气管道的安全问题主要体现在一旦泄漏极易发生火灾、爆炸、中毒等事故。若燃气入廊则需要单独成舱,并且燃气舱内的设备要提高防爆等级,且舱内应设置可燃气体探测警报系统等一系列安全辅助设施。

(2)热力管道运输蒸汽介质时应在独立舱室内敷设,并采用钢管外套作为保温层的管材,以应对较大管道压力的作用。

(3)热力管道不应与电力电缆同舱敷设,防止热力管线对电力电缆的不良影响。

(4)输送电压在110kV及以上电流的电力电缆不应与通信电缆同侧布置,防止高压电力磁场对通信效果的影响。

(5)给水管道与热力管道同侧布置时,给水管道宜布置在热力管道下方。关于给水管线入沟需要重视的一点是,将给水管线纳入管线综合管沟时要确保工作空间预留充分,且需要加强日常管理与维护,防止出现管线漏水、渗水问题。

(6)污水纳入综合管廊应采用管道排水方式,并宜设置在综合管廊的底部。污水管线纳入综合管沟中会很大程度上影响管沟纵断面坡度设置,增加工程成本,也会引发管沟中其他管线与用户的接户。

(7)雨水入廊的方式可采用在管廊内敷设雨水管道或利用单独的舱体作为雨水箱涵。雨水单独成舱的管廊可以较好地防止雨水的倒灌以及降低倒灌后对其他舱室的影响,同时雨水舱的底部容积可以作为雨水调蓄池,做到海绵城市与综合管廊在设计层面上的结合。

三、综合管廊的布局

1. 综合管廊的分类

根据综合管廊内敷设的管线种类不同,以及服务对象(区域)的不同,可以将综合管廊分为干线综合管廊、支线综合管廊、缆线综合管廊3种(表7-5)。

综合管廊的分类　　表7-5

类型	功能	容纳管线	建设位置	特点
干线综合管廊	连接输送原站与支线综合管廊,一般不直接为用户提供服务	城市主干工程管线	一般设置在机动车道或道路中央下方	结构断面尺寸大、覆土深、系统稳定、输送量大、安全度高、管理运营较复杂。可直接供应至使用稳定的大型用户
支线综合管廊	将各种管线从城市配给工程干线综合管廊管线	城市配给工程管线	多设置在人行道下,一般布置于道路左右两侧	有效断面较小、结构简单、施工方便,设备为常用定型设备,一般不直接服务于大型用户
缆线管廊	分配、输送至各直接用户	电力电缆和通信电缆	多设置在人行道下,且埋深较浅,一般为1.5m左右	空间断面较小、埋深浅、建设施工费用较少,一般不设置通风、监控等设备,维护管理较简单

(1)干线综合管廊。

干线综合管廊一般设置于机动车道或道路中央下方,主要连接原站(如自来水厂、发电厂、燃气制造厂等)与支线综合管廊,其一般不直接服务于沿线地区。沟内主要容纳的管线为电力、通信、自来水、热力等管线,有时根据需要也将排水管线容纳在内。干线综合管廊的断面通常为圆形或多格箱形,综合管廊内一般要求设置工作通道及照明、通风等设施设备,如图7-3所示。

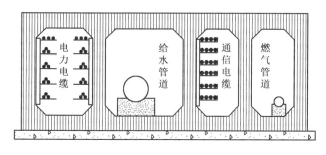

图7-3　干线管廊断面示意图

(2)支线综合管廊。

支线综合管廊主要用于将各种供给从干线综合管廊分配、输送至各直接用户。其一般设置在道路的两旁,容纳直接服务于沿线地区的各种管线。支线综合管廊的截面的常见形状为矩形,一般为单仓或双仓箱形结构。综合管廊内一般要求设置工作通道及照明、通风等设施设备,如图7-4所示。

(3)缆线管廊。

缆线管廊主要负责将市区架空的电力、通信、有线电视、道路照明等电缆容纳至埋地的管道中。一般设置在道路的人行道下方,其埋深较浅,一般在1.5m左右。缆线综合管廊的截面的常见形状为矩形,一般不要求设置工作通道及照明、通风等设施设备,仅设置供维修时用的工作手孔即可,如图7-5所示。

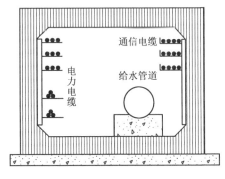

图7-4 支线管廊断面示意图

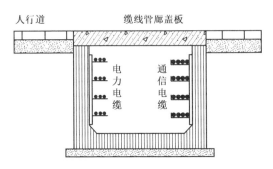

图7-5 缆线管廊断面示意图

2. 干线综合管廊布局

由于干线综合管廊容纳的管线种类和数量相对较多,一般可分至3舱或以上,其水平宽度可达10m甚至15m以上。这就导致其横断面宽度比其他种类的综合管廊宽很多,所占的地下空间也会大很多,相对较宽的断面形式本身也会对其平面布置造成一定影响。

城市的干线综合管廊原则上设置于道路绿带或机动车道下方,其具体位置可受道路等级、入廊管线的断面形式及宽度、与道路退绿(一般10m)的关系、地铁等轨道交通实施情况等多方面因素影响。从道路等级来讲,干线综合管廊更多会考虑敷设在主干道上(图7-6),但是也会有干线综合管廊敷设在次干路的情况(图7-7、图7-8)。这是由于道路等级的对应宽度对干线综合管廊总体布局只起承载作用,而非决定性作用,真正影响综合管廊敷设位置的决定性因素是其所收纳主干管线的专项规划系统布局,某些专项的主干管线并非都布置在主干路下方,也可能会布置在次干路下方。因此,如果某条次干路下恰好有较多市政主干管线,且具备实施条件,也可布置干线综合管廊。此外也需考虑该路段是否有城市轨道线路,轨道线路是否规划在地下等情况(图7-9、图7-10)。最优情况应为轨道交通与综合管廊同步规划设计,这样可以有效地衔接两者之间的水平与垂直关系。

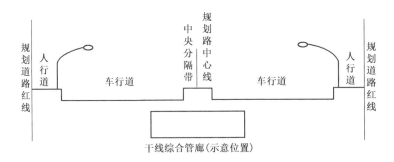

图7-6 主干路敷设干线综合管廊示意图(中央分隔带下)

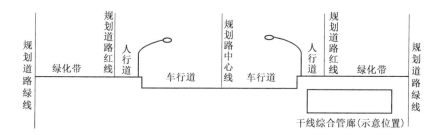

图 7-7 次干路敷设干线综合管廊示意图（绿化带下）

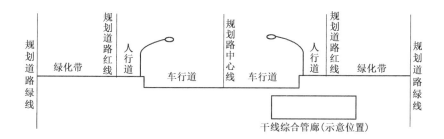

图 7-8 次干路敷设干线综合管廊示意图（一般断面）

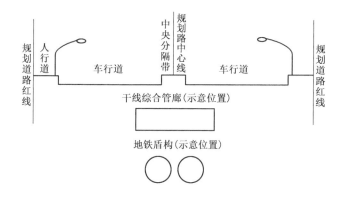

图 7-9 干线综合管廊主体位于地铁盾构区间上方平面位置示意图

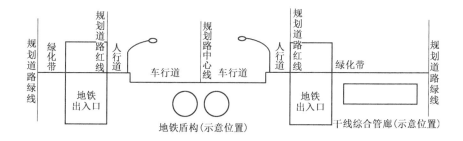

图 7-10 干线综合管廊位于绿化带下方、地铁位于车行道平面下方位置示意图

3. 支线综合管廊布局

支线综合管廊根据需求可敷设在道路的一侧或两侧,根据支线综合管廊的自身特点,只要是可以将管线直接接入用户的道路都可以敷设支线综合管廊。一般情况下支线综合管廊多敷设在次干路和支路上(图7-11~图7-13)。

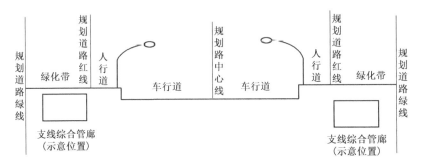

图7-11 次干路敷设支线综合管廊示意图(一般断面)

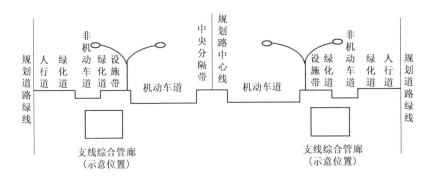

图7-12 次干路敷设支线综合管廊示意图(红绿结合断面)

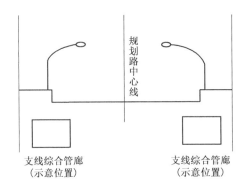

图7-13 支路敷设支线综合管廊示意图

在一些需要敷设管线较多的主干路上,在只敷设干线综合管廊的复杂程度较高时,可在路上同时敷设干线综合管廊和一条甚至多条支线综合管廊,将直接服务于用户的管线纳入支线综合管廊内,这样会减少干线综合管廊突出地面构筑物的数量,但是同时也会增加管廊整体的投资建设费用(图7-14)。

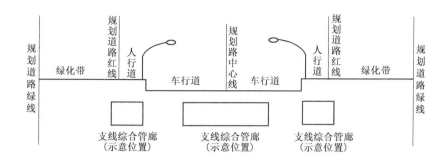

图7-14 主干路敷设干线和支线综合管廊示意图

4. 缆线综合管廊布局

缆线综合管廊一般设置在人行道及道路绿化带下方。由于内容线缆少,其截面尺寸较小,埋深也较浅,通常不考虑进行照明和通风设计,仅根据需要设置检修口。其施工、运行和维护与上述两种管廊相比较是最简单的一种形式。

缆线综合管廊形式比较单一,一般敷设在等级低且断面窄的道路下,这种道路通常没有退绿,所以大部分缆线综合管廊都敷设在人行道下,当然,在敷设时也需要注意与周边建筑保持安全距离(图7-15)。

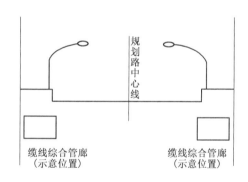

图7-15 缆线综合管廊敷设位置示意图

5. 综合管廊与地铁站的位置关系

地铁站的覆土相对较浅,特别是出入口的位置是伸出地面的,支线综合管廊在通过地铁站时需要跟站体结合,在站体无法调整时,可将管廊做局部绕行,在不进入周边地块的前提下避开地铁站点。

如果管廊无法调整,可在车站埋深不变的情况下将与管廊相交的人行通道竖向下压,增加局部埋深,使管廊从人行通道上方通过地铁站。

6. 综合管廊与河道或人行地下通道的位置关系

综合管廊遇到河道,只能采取下穿的方式(图7-16)。由于人行地下通道一般埋深较浅,当遇到综合管廊时,一般也采用下穿的方式(图7-17)。

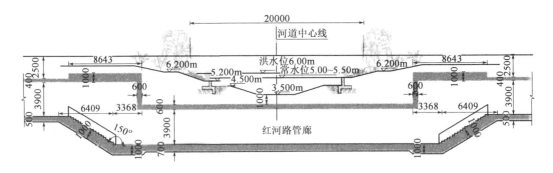

图7-16 管廊下穿河道示意图(尺寸单位:mm)

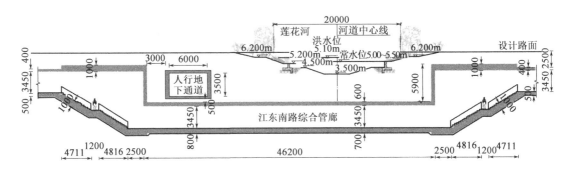

图7-17 管廊下穿地下人行通道示意图(尺寸单位:mm)

第四节 城市基础设施发展趋势

一、智慧化基础设施

世界经济论坛创始人克劳斯·施瓦布认为,我们当前正处于第四次工业革命的开端,其特点包括:互联网无所不在,移动性大幅提高;传感器体积变得更小、性能更强大、成本更低;人工智能和机器学习开始崭露锋芒;从基因编辑到纳米技术,从区块链到量子计算,各领域的技术突破风起云涌。这些技术横跨物理、数学和生物等领域,这决定了第四次工业革命与前几次工业革命有着本质不同。生产生活方式也出现以智能化为标志的新变革,"智能"成为与土地、劳动、资本同等重要的新生产要素,人类即将迈入继农业社会、工业社会、信息社会之后一种更高级的社会形态——智慧社会。

传统意义上的通信机房、公用移动通信基站、基础通信管线、数据中心等设施将不仅服务于现有的行业,借助高速无线技术、物联网传感技术、云计算技术,其服务对象可能扩展至其他各领域。随着智慧城市建设的推进,对信息化有较大需求的物流运输、电力能源、工业制造业及政府各专用职能领域(公安、交通、环境、水务、环境、教育、医疗、民政等)原有封闭的基础设施将迈向开放,在技术经济可行的条件下与传统的信息基础设施发生集约化融合,达到节约资源,减少占用公共空间资源的目的。

智慧化城市基础设施中,无线通信基站的建设最为重要。以5G基站建设为例,5G通信基站的站间距将远小于4G基站,每座基站能够覆盖面积的大小可以通过链路计算得到,以此可将城市建设用地分为高密区、中密区、一般区、边缘区、限建区五大类,根据不同的城市用地属性来确定站点间距、站点建设密度(表7-6)。

5G基站站点间距和站址密度参数 表7-6

密度分区	典型城市用地	平均站间距(m)	综合站址密度(座/km²)
高密区	公共服务用地、重要商业服务业用地、交通枢纽	200	10~15
中密区	居住用地、重要公园绿地、大型游乐场所	300	7~10
一般区	工业用地、物流仓储用地、公用设施用地	450	3~6
边缘区	农业用地	800	1~2
限建区	文物古迹用地、学校	不再新建宏基站	

5G基站的选址,应根据实际条件选择合适的基站形式,使宏基站、微基站、室内分布系统互相结合。传统的宏基站主要包括落地基站和楼顶基站,落地基站的选址优先选择城市公交站场、泵站、垃圾转运站等市政公用设施用地,其次是防护绿地、公园绿地、广场等开阔空间。楼顶基站的选址优先顺序一般为:政府办公建筑、行政事业单位建筑、公共管理与公共服务设施建筑、商业建筑、工业和仓储建筑、酒店建筑、新建居住建筑、现状居住建筑,选址应避开学校、历史文物等限建区。

对于宏基站无法全面覆盖或提供信号较弱的热点地区(火车站、步行街、地铁站、高校校园等),可采用微基站来分担宏基站的网络流量。可结合各类路灯杆、公安监控杆、交通信号杆、路牌杆、广告牌、电力杆塔等架设微基站,室内也可采用挂墙的方式安装微基站。基站的选址与安装应尽量使其与周围的自然环境和人文环境相协调,在旅游景区等特殊环境中需要对天线进行伪装、修饰、美化,减少对城市景观的影响,提升城市品质。

建筑物内部、地下室、电梯等区域,可采用室内分布系统以达到信号覆盖要求,景区、交通、市政等大型公共设施项目的5G通信基础设施应同主体工程同步规划、同步设计、同步施工、同步验收。

5G基站选址还应满足一些一般性原则,如宜选在交通便利、电源可靠、环境安全的地点,避免与其他通信设施相互干扰;在居住区选址建设时,必须严格控制电磁辐射,满足《电磁辐射防护规定》的要求。

二、多元化基础设施

2020年11月,国务院办公厅印发《新能源汽车产业发展规划(2021—2035年)》,要求深入实施发展新能源汽车国家战略,推动中国新能源汽车产业高质量可持续发展,加快建设汽车强国。新能源汽车是指采用非常规的车用燃料作为动力来源(或使用常规的车用燃料,但采用新型车载动力装置),综合车辆的动力控制和驱动方面的先进技术,形成的技术原理先进、具有新技术、新结构的汽车。新能源汽车包括纯电动汽车、增程式电动汽车、混合动力汽车、燃料电池电动汽车、氢发动机汽车等。

电动汽车是我国最重要的新能源汽车。中国在电动汽车市场方面,领先于德国和日本等传统汽车巨头国家。2023年,中国电动汽车销量达到950万辆,同比增长38%,占全球电动汽车采购量的近60%。电动汽车的发展势头势不可挡,但燃油车在特定市场和需求下仍然有其存在的合理性和必要性。在相当长的一段时间内,燃油车将与电动汽车共存,共同推动交通行业的发展和变革。因此,基础设施服务供给需要适应多样化、多元化的需求。

随着电动汽车的发展,汽车充电问题成为最大的制约因素。电动汽车充电方案主要有3种,即:快速充电、慢速充电、电池更换。

(1)充电站(快速充电)。

快速充电类似于传统加油站,一般30min即可充入80%以上电量。独立用地规模500~2000m^2。充电站面临的一些问题包括:因负荷较大需单独配套变压器设施、投资较大、需专人操作、维护费用高、客户使用成本大等。选择该设施充电的时间分布一般以白天为主,因此不能起到平衡城市电力负荷峰谷作用,反而使城市电网压力增大,但因充电时间较短,可用于应急,或沿高速公路和国道设置以解决远距离续航问题。

(2)充电桩(慢速充电)。

以停车位为基础进行改造建设,无须独立用地,功率低,充电设施可与民用电网直接相连,操作简单。可结合小区、商场、单位停车场设置,可利用办公、购物、夜间休息等空闲时间进行充电。错峰用电也能降低使用成本并对城市电网安全产生较小危害,环保效应突出。但也存在因充电时间较长(6~8h充满)、充电效率较低,因此建设数量较多,且存在一定的改造限制等诸多问题,综合考虑,适于一般电动车用户使用。

(3)换电站。

电池更换时间可以压缩在2~5min区间内,形式上接近传统的加油站。换电站需要一定的场地和专业人员,同时备有大量可更换电池,而电池规格不同也会增加运营成本。运营方为节约成本会选择夜间低价电时段充电,所以对城市电网影响较小。综合以上条件,换电站最适合满足单一车型大规模充电需求,如城市出租车、公共交通车辆以及物流公司快递车辆等。

目前我国充电基础设施还存在许多问题:①充电基础设施建设涉及城市规划、建设用地、配电网改造、安装条件、投资运营模式等方面问题,推进难度大;②充电基础设施与电动汽车发展不协调,如存在有车无桩、有桩无车、建设布局不合理、利用率不高等问题;③利益主体多,协调难度大;④商业模式不成熟,机制不健全,标准体系不完善。

充电基础设施分类布设如图7-18所示。充电基础设施规划应遵循以下原则。

(1)布局应符合城市规划、安全环保的要求。

(2)布局应与城市中低压配电网规划建设密切结合。

(3)在有条件时应考虑加油站、加气站、充电站"三站合一"的集约、节约发展建设模式。

(4)换电站应结合公共交通行业或大型企事业单位用地进行布局。

(5)充电桩设施应结合住宅区停车场、商业办公区停车场、公共停车场等进行布局设置,考虑到维护成本和安全需求,不宜在路内停车位设置。

(6)市场化运作、充电资源共享,提高利用率,避免资源浪费。

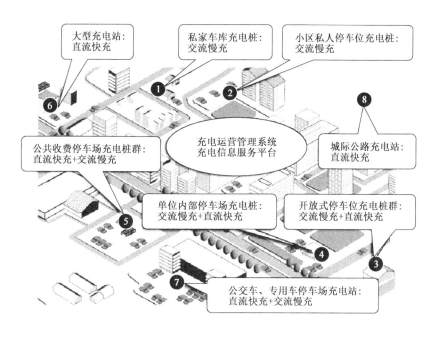

图 7-18 充电基础设施分类布设概念图

三、绿色基础设施

党的十八大报告首次阐述"生态文明"概念,深刻反思了工业文明时期的空间增长范式,强调"尊重自然、顺应自然、保护自然",实现自然生态系统与人类社会经济系统的和谐共生、永续发展,为子孙后代守住"绿水青山"。

绿色基础设施(Green Infrastructure,GI)的定义有很多,目前最广泛应用的定义来自本尼迪克特和麦克马洪,他们将绿色基础设施定义为"一个保护自然生态系统价值和功能的绿色空间互联网络"。美国规划师协会认为GI是一个能够以自然方式控制雨水径流、缓解城市洪涝灾害、保护水环境的自然开放空间网络,包括林荫道、河流湖泊、湿地、林地、公园、自然保护区等。绿色基础设施主要由网络中心、连接廊道、小型场地构成,三种要素相互联结形成绿色生态网。网络中心通常指大片的自然区域,包括保护地、林场、公园及开放空间区域、自然区域等,是绿色基础设施的起点与终点。连接廊道是线性的生态通道,紧密联结整个系统以促进生态过程流动,包括绿道、河岸缓冲区域、绿带、风景连接带等。小型场地则是独立于大型自然区域的小生境和游憩场所,是对网络中心和连接廊道的补充。西方国家提倡的开放空间理念和精明增长开发模式,是指能够提供生态系统服务的自然生命支撑系统网络,要素包括水系、湿地、林地、绿道、公园、农场、牧场等自然开放空间。

绿色雨水设施(Green Stormwater Infrastructure,GSI)的概念是从绿色基础设施的概念演变而来,指自然系统中水系、森林、湿地等对城市雨洪管理具有显著良性效应的绿色空间。西雅图公共事业局正式提出了GSI的概念:GSI是指专门具有城市雨洪控制功能的一类基础设施,包括绿色屋顶、绿色街道、生物滞留池、透水铺装等。GSI也可被理解为一个包括土壤-水-植被的景观系统,对雨水的产生、汇流、排放进行全过程的管理,通过渗透、蓄滞、收集、净化达到消解暴雨径流和降低污染的效果。GSI不仅可以有效控制径流,减少污染,还具备改善自然生态环境、提供游憩休闲空间、提升土地增值潜力等多重功能。

GSI的雨洪适应的作用机制包括：①绿地通过截留降水、土壤吸收等途径对径流速度和流量进行调控。②绿色植被能够固定土壤,具有良好的渗透性,有效降低雨水径流量,推迟洪峰时间,减轻城市管道压力。结合收集设施,可以实现雨水回收利用,减少城市景观用水成本。③植物可以净化水质,植物根系能够吸收污染离子,降低非点源污染的风险。如在雨水排入河流湖泊前设置净化湿地等处理措施,可降低雨水径流中的污染物含量。④水体调蓄,河流、湖泊、湿地、池塘等是城市天然的雨水收集蓄滞设施,雨洪事件中可承担吸收片区乃至全城雨水径流的作用。同时,自然水面具有降低城市热岛效应,供城市居民休闲游憩等复合功能,增加土地利用的兼容性和使用效率(图7-19)。

图7-19 绿色雨水设施作用机理及效果

而相对于绿色基础设施的灰色雨水基础设施,是指通过排水管道等灰色基础设施来完成雨水排放的方式,它的主要目的就是将雨水快速排放到城市下游地区来改善局部区域的生活环境。这种快速排放的方式一方面可以在一定程度上缓解局部径流压力,但同时也增加了下游地区的排水压力,而且无法发挥雨水的再利用价值,无法从根本上解决城市雨洪内涝问题。另一方面,灰色雨水基础设施仅具备单一的排水功能,缺少与生态环境之间的联系,生态效益有限。

绿色基础设施规划的核心是如何通过规划城市绿色开放空间体系来创造一个可持续发展的人居环境。区域尺度的绿色基础设施规划为通过统筹公园、绿地等开敞空间以及森林、河流、林地、农田等分散的自然生态斑块,形成具有生态连续性和整体性的绿色网络,并尽可能地恢复已经遭到破坏的生态系统;城市尺度的绿色基础设施规划是将自然遗址、文化景观等元素连接在一起,形成线性绿色空间体系;场地尺度的绿色基础设施规划则主要通过建设人工湿地、绿色街道、屋顶绿化等来提升城市环境品质和经济效益(表7-7)。

绿色基础设施多尺度规划内容

表 7-7

尺度	目标	对象	内容
区域层面	水源地保护、区域洪涝调蓄和水资源平衡、维持流域水文过程、修复退化的生物栖息地、保护水生物种迁徙廊道	大型水源地、洪泛区、生物栖息地、水资源保护区、流量较大流域较广对地表径流影响较大的河流、水库、大型湿地、地质灾害高发区、自然保护区、农田聚集区、水土流失严重区域、森林郊野公园、坡度陡峭的山地和其他水生态敏感区	流域管控、构建区域格局、形成以水生态安全导向下的绿色网络骨架
城市层面	提高城市防洪排涝能力、净化水质、综合调蓄雨水排放、修复滨水空间、调节城市小气候	城市公园、湿地、果园、湖泊、溪流、河流、绿地、道路、广场	城市水系修复、绿地系统网络构建、道路管网绿色改造
场地层面	实现雨水源头处理、避免点源污染、降低地块径流排放量和峰值	片区公园、社区公园、街头绿地、广场、停车场、雨水花园等	低影响开发设施规划、制定雨水指标
建筑层面	降低屋面径流、涵养屋顶绿化	屋顶绿化、墙体绿化、绿色庭院	借鉴能源与环境设计先导评价标准

第八章
控制性详细规划

第一节 控制性详细规划的基础理论

一、基本概念

控制性详细规划与修建性详细规划合称为详细规划。《城乡规划法》第十九条至第二十条规定:"城市人民政府城乡规划主管部门根据城市总体规划的要求,组织编制城市的控制性详细规划;镇人民政府根据镇总体规划的要求,组织编制镇的控制性详细规划。"

控制性详细规划主要以对地块的用地使用控制、环境容量控制、建筑建造控制和城市设计引导、市政工程设施和公共服务设施的配套以及交通活动控制和环境保护规定为主要内容,并针对不同地块、不同建设项目和不同开发过程,应用指标量化、条文规定、图则标定等方式对各控制要素进行定性、定量、定位和定界的控制和引导。

二、发展历程

控制性详细规划产生于20世纪80年代,在我国已有40多年的历史。这40多年的发展过程,大致可以分为三个阶段。

第一阶段:从形体设计走向形体示意,即通过"摆房子"形式指定规划管理依据,以约束不合实际的高密度开发和见缝插针式的盲目发展;

第二阶段:从形体示意到指标抽象。形体示意的灵活程度往往掌握在具体的办事人员手中,缺乏规范化流程,且由于城市建设的不确定因素较多,易造成脱离实际的规划结果。量化指标的抽象弥补了形体示意规划的缺陷,对规划地区进行地块划分并逐一赋值,通过控制指标约束城市开发建设;

第三阶段:从抽象指标逐步走向系统的控制性详细规划。这一阶段特点是文本、图则和法规三者相互匹配,各自关联,共同约束着城市开发建设活动。

2006年4月1日,《城市规划编制办法》开始实施,对控制性详细规划的内容、要求及其中的强制性内容作出了明确规定。控制性详细规划变得更加规范和完善。

2008年1月1日,《城乡规划法》开始实施,进一步加强了控制性详细规划的地位和作用。

三、主要内容与特征

控制性详细规划应当包括下列基本内容。

(1)土地使用性质及其兼容性等用地功能控制要求。

(2)容积率、建筑高度、建筑密度、绿地率等用地指标。

(3)基础设施、公共服务设施、公共安全设施的用地规模、范围及具体控制要求、地下管线控制要求。

(4)基础设施用地的控制界线(黑线)、各类绿地范围的控制线(绿线)、历史文化街区和历史建筑的保护范围界线(紫线)、地表水体保护和控制的地域界线(蓝线)"四线"及控制要求。

同时,控制性详细规划有以下鲜明特征:具备控制引导性和灵活操作性、法律效力、图则标定(图8-1)。

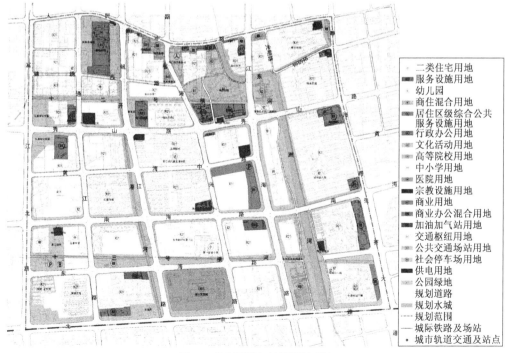

图8-1 控制性详细规划图则示例

四、主要作用

控制性详细规划主要有以下几方面的作用。

(1) 承上启下,深化总体规划,控制修建性详细规划,体现规划的延续性。
(2) 与管理结合、与开发衔接,作为城市规划管理的依据。
(3) 体现城市设计构想。
(4) 作为城市政策的载体。

第二节 控制性详细规划的控制体系和控制要素

一、主要控制内容

控制性详细规划对土地使用、环境容量、建筑建造、城市设计引导、配套设施、行为活动等六项内容进行控制,它们共同形成控制性详细规划控制体系的内在构成,并对控制性详细规划功能作用的广度进行了基本规定(图8-2)。但由于控制内容选取受多种因素影响,因此,不一定需要对每一块规划用地都从这六个方面控制,而应视用地具体情况,选取其中部分进行控制。

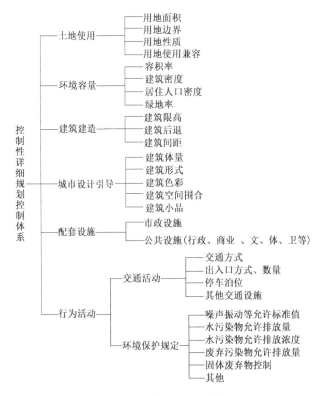

图 8-2 控制性详细规划控制体系图

二、土地使用控制

土地使用控制是对建设用地上的建设内容、位置、面积和边界范围等方面做出的规定。用地边界、用地面积规定了用地的范围大小;用地使用相容性(即土地使用兼容)通过土地使用性质兼容范围的规定或适建要求,规定了用地相容或者混合使用的规划要求,便于灵活进行用地规划。

1. 用地面积与用地边界

用地面积是规划地块划定用地的平面投影面积,单位为公顷。面积精确度在全国各地不同规划中略有不同,一般精确至小数点后两位,每块用地不可有重叠部分。

用地面积A_p和征地面积A_g的区别在于:用地面积是规划用地红线围合的面积,是确定容积率、建筑密度、人口容量所依据的面积,如图8-3中标注部分;征地面积是土地部门为了征地划定的征地红线围合而成,如图8-3中标注部分,显然用地面积小于征地面积,即$A_p \leqslant A_g$。

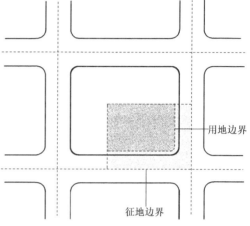

图8-3 用地与征地边界范围对照示意图

用地边界是规划用地和道路或其他规划用地之间的分界线,用来划分用地的权属(图8-4)。一般用地红线表示的是一个控制空中和地下空间的竖直的三维界面。在实践操作中,一般通过在控规图则中对用地边界进行地理坐标标注加以限定。

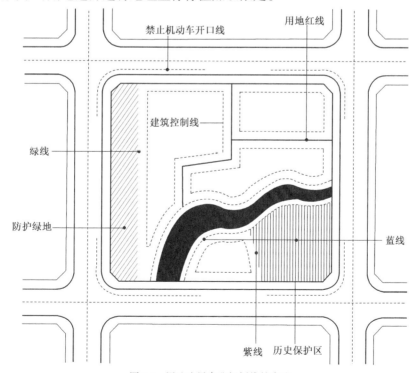

图8-4 用地边界专业规划线的表达

控制性详细规划的作用主要是为城市规划管理、综合开发和土地有偿使用提供依据,将具体的规划设计转化为便于管理的条文、数据和图表,以便从微观上对各规划地块提出具体控制内容和要求,从而强化规划与管理的衔接,为修建性详细规划提供可靠依据。

因此,确定用地面积与边界不应停留于简单的表面形式上,而应以用地性质规划为基础,综合考虑开发建设管理的灵活性以及小规模成片更新的可操作性等因素,对地块进行合理划分。控制性详细规划中的线形名称及代表作用如表8-1所示。

控制性详细规划中的线形名称及代表作用　　　　表8-1

线形名称	代表作用
红线	道路用地和地块用地边界线
绿线	生态、环境保护区域边界线
蓝线	河流、水域用地边界线
紫线	历史保护区域边界线
黑线	市政设施用地边界线
禁止机动车开口线	保证城市主要道路上的交通安全和通畅
机动车出入口方位线	建议地块出入口方位,利于交通疏导
建筑基底线	控制建筑体量、街景、立面
裙房控制线	控制裙房体量、用地环境、沿街面长度、街道公共空间
主体建筑控制线	延续景观道路界面,控制建筑体量、空间环境、沿街面长度、街道公共空间
建筑架空控制线	控制沿街界面连续性
广场控制线	提升地块环境质量,完善城市空间体系
公共空间控制线	控制公共空间用地范围

地块划分规模可按新区和旧城改建区两类区别对待,新区的地块规模可划分得大些,面积控制在 $3\sim 5\text{hm}^2$ 左右,旧城改建区可在 $0.5\sim 3\text{hm}^2$ 左右。

2. 土地使用性质控制

用地性质是一项非常重要的用地控制指标,关系到城市的功能布局形态。关于用地性质的划分在第四章——用地分类中已展开介绍。规划中具体采用哪些用地性质要一般根据城市规模、城市特征、所处区位、土地开发性质等土地细分类别加以决策。

应该注意,图8-5中两种商住混合用地,一种是以居住用地为主,一般属于居住小区用地范围;另一种是以商业为主,一般属于商业用地。

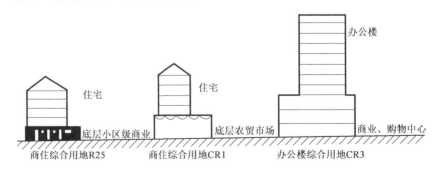

图8-5　混合用地示意图

3. 土地使用性质兼容

土地使用兼容性（又称"土地使用相容性"）包括两方面含义：其一是指不同土地使用性质在同一土地中共处的可能性，即表现为同一块城市土地上是否允许综合多种土地使用性质，反映不同土地使用性质之间互相亲和与矛盾的程度；其二是指同一土地上，使用性质的多种选择与置换的可能性，表现为土地使用性质的弹性、灵活性与适建性，它们主要反映该用地周边环境对于该地块使用性质的约束。

土地使用性质的兼容主要由用地性质和用地上建筑物的适建范围规定表来反映，给规划管理提供一定程度的灵活性。适建范围规定表目前尚无法定的统一格式，各地一般根据具体情况和实际建设需求制定切合实际的土地兼容规定表。需要注意的是土地使用性质的兼容并不是无区别的兼容，同一块土地上有多种使用性质兼容在一起时，应当分清主体性质和附属性质，不能过于强调兼容性质的开发，而忽视了土地本身已经确定的主体使用性质。

三、环境容量控制

1. 容积率

（1）容积率的概念。

容积率又称楼板面积率或建筑面积密度，是衡量土地使用强度的一项指标，英文缩写为FAR，是地块内所有建筑物的总建筑面积之和A_f和地块面积A_l的比值，即$FAR=A_f/A_l$（图8-6）。

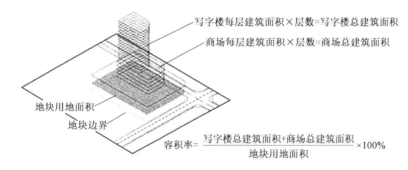

图8-6 容积率概念示意图

容积率可根据需要制定上限和下限。对于容积率的下限，一方面可以从保障开发商利益的角度出发，综合考虑征地价格和建筑租金的关系来制定；另一方面是要提高土地的利用率，实现土地的社会经济价值，防止浪费。

在一定的建筑密度条件下，容积率与地块的平均层数成正比；同理，在一定的层数条件下，容积率与地块建筑密度成正比。当容积率作为控制土地利用机制中的一项指标时，就存在楼层与空地的替换关系，即在容积率相同的前提下，高层建筑比低层建筑节约用地，能够提供更多的开放空间。在一些地方规定中，容积率计算中的总建筑面积不是全部建筑面积的总和，而是总建筑面积减去停车库、设备层以及完全向公众开放的部分之后的建筑面积。这种规定的用意是鼓励开发商注重停车场的建设，注重在建筑设计中增加开放空间。

（2）容积率的确定。

从总体上来说，容积率的确定与城市的许多因素有关，例如，规划区总人口、人均空间需求、土地供应能力、基础设施承受能力、交通设施运输能力和城市景观要求等。在控制性详细规划中,合理设定容积率主要需考虑以下因素:

①地块的使用性质。不同性质的用地有不同的使用要求和特点,因而开发强度也不同,如商业、旅店和办公楼等的容积率一般高于住宅、学校、医院和剧院等。

②地块的区位。由于各建设用地所处区位不同,其交通条件、基础设施条件、环境条件存在差异,从而产生土地级差。这就决定了地块的土地使用强度应根据其区位和级差地租的区别而确定。

③地块的基础设施条件。一般来说,较高的容积率需要较好的基础设施条件和自然条件作为支撑。一方面,开发强度越高,对土地的地质条件要求越高;另一方面,开发强度的提高意味着城市活动强度的增加,这必然对能源、给排水、环卫、交通等支撑设施提出更高的要求。

④人口容量。人口容量和容积率是紧密相关的,一般来说,较高的容积率意味着地块能容纳更多的人口,这就需要较好的基础设施条件和自然条件,如上海的国际金融中心地区、英国的道克兰地区。

⑤地块的空间环境条件。即与周边空间环境的制约关系,如建筑物高度、建筑间距、建筑形态、绿化控制和联系通道等。

⑥地块的土地出让价格条件。即政府期望的出让价格,一般情况下,容积率与出让价格成正比。

⑦城市设计要求。将规划对城市整体面貌、重点地段、文物古迹和视线走廊等的宏观设计构想,通过具体的控制原则、控制指标与控制要求等来体现,并落实到控制性详细规划中的多种控制性要求和土地使用强度指标上。

⑧建造方式和形体规划设计。不同建造方式和形体规划设计能得出多种具有不同开发强度的方案,如低层低密度、低层高密度、多层行列式、多层围合式、自由式、高层低密度和高层高密度开发方案,这些均对容积率的确定产生重大影响。

2. 建筑密度

建筑密度是指规划地块内各类建筑基底面积占该块用地面积的比例(图8-7),建筑密度=(规划地块内各类建筑基底面积之和/用地面积)×100%。

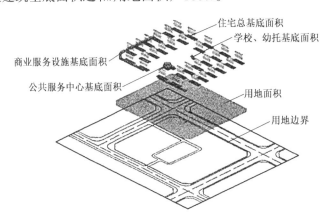

$$建筑密度 = \frac{商业服务设施基底面积+公共服务中心基底面积+住宅总基底面积+学校、幼托基底面积}{用地面积} \times 100\%$$

图8-7 建筑密度计算示意图

与容积率概念相区别的是,它注重的是建筑基底面积规划,控制其上限。反过来理解就是表示了一个地块中建筑以外的用地所占的比例多少。建筑密度着重于表达平面二维的环境需求,以保证一定的旷地及绿地率。

城市建筑应保持适当的密度,这一点是十分重要的,它能确保城市的每一个部分都能在一定条件下得到尽可能令人满意的日照时间、空气环境、防火安全性以及土地利用强度。过高的建筑密度可能会造成街道轮廓消失、空间紧缺,甚至损害历史保护建筑。

3. 居住人口密度

居住人口密度指单位建设用地上容纳的居住人口数,单位为人/公顷。具体表现在一块用地上,就是用该块用地的总人口除以用地面积得出的数值,即居住人口密度=(地块内的总人口数/地块的面积)×100%。

确定人口密度时,应根据总体规划或城市分区规划,合理确定人口容量,再进一步确定具体地块的人口密度。

4. 绿地率

绿地率指规划地块内各类绿化用地占该块用地面积的比例,即绿地率=(地块内绿化用地总面积/地块面积)×100%,规划控制其下限。

这里的绿地包括公共绿地、组团绿地、公共服务设施所属绿地和道路绿地(道路红线内的绿地),不包括屋顶、晒台的人工绿地,公共绿地内占地面积不大于1%的雕塑、亭榭、水池等绿化小品建筑也可视为绿地。

四、建筑建造控制

建筑建造控制是对建设用地上的建筑物布置和建筑物之间的群体关系做出的必要技术规定。其主要包括建筑高度、建筑间距、建筑后退、沿路建筑高度、相邻地段的建筑规定等。

1. 建筑限高

(1)影响建筑限高的因素。

经济因素和社会环境因素是建筑高度的最主要影响因素。此外还存在基础设施条件限制的影响。

①经济因素。建筑的建造成本由土地价格和建筑物本身的造价两部分组成,而在一定的层数内,建筑物建造的单位成本几乎不变,于是建筑层数越高,面积越大,摊分到单位建筑面积上的土地成本就越少。这也是在市场利益驱动下开发商不惜一切代价、运用各种方式尽量增高建筑高度的原因之一。

②社会环境因素。建筑物的高度,需要从城市整体风貌的和谐统一入手,考虑不同地段的不同要求,考虑与周边建筑,特别是与历史文化建筑的协调关系,只有这样,城市天际线才不会完全迷失在经济利益驱动下的市场浪潮里。

一般来说,建筑物的高度 H 与旷地宽度 W(道路、广场、绿地、水面等)的比例关系为 $H<0.3W$ 时,给人的视觉心理感受为宽阔、空旷;$0.3W<H<0.6W$ 时,视觉心理感受为亲切、宜人;$H>0.6W$ 时,视觉心理感受为高耸、压迫。

③基础设施条件的限制。例如,机场周边建筑,由于飞机起飞降落安全的需要,有专门的

净空限制要求,其高度限制范围半径可达20km以上。

(2)建筑限高的确定。

在考虑建筑高度的控制时,除应满足建筑日照、消防等方面的要求外,还应符合如下规定,以《上海市城市规划管理技术规定》第四十七条至第四十九条为例。

①在有净空高度限制的飞机场、气象台、电台和其他无线电通信(含微波通信)设施周围的新建、改建建筑物,其控制高度应符合有关净空高度限制的规定。

②在文物保护单位和建筑保护单位周围的建设控制地带内新建、改建建筑物,其控制高度应符合建筑和文物保护的有关规定,并按经批准的详细规划执行。尚无经批准的详细规划的,应先编制城市设计或建筑设计方案,进行视线分析,提出控制高度和保护措施,经建筑和文物保护专家小组评议后核定(图8-8)。

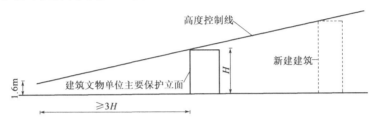

图8-8 建筑高度控制视线分析

首先选择适当视点确定视线走廊,视点的距离要大于或等于3H,因现状条件限制难以按3H视点距离控制高度的,视点距离可适当缩小,但不得小于2H。

③沿城市道路两侧新建、改建建筑物的控制高度,除经批准的详细规划另有规定外,还应符合下列规定:

沿路一般建筑的控制高度H不得超过道路规划红线宽度W与建筑后退距离S之和的1.5倍(图8-9、图8-10),即$H \leqslant 1.5(W+S)$。

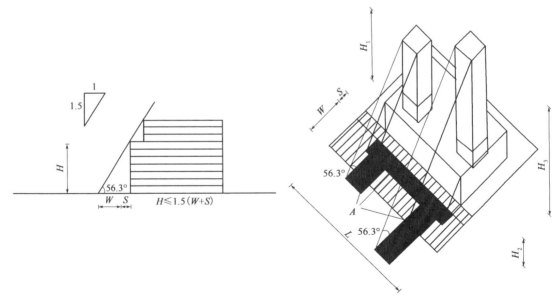

图8-9 沿路一般建筑高度控制　　图8-10 沿路高层组合建筑高度控制(轴测图)

H_1、H_2、H_3-建筑各部分实际高度

沿路高层组合建筑的高度,按下式控制:
$$A \leq L(W+S) \quad (8-1)$$
式中:A——沿路高层组合建筑以1:1.5(即56.3°)的高度角在地面上投影的总面积;

L——建筑基地沿道路规划红线的长度;

W——道路规划红线宽度;

S——沿路建筑的后退距离。

2. 建筑后退

建筑后退指在城市建设中,建筑物相对于规划地块边界的后退距离,通常控制后退距离的下限。必要的建筑后退距离可以避免城市建设过程中产生混乱,故应保证必要的安全距离,以保证必要的城市公共空间和良好的城市景观。

各个城市对不同情况下建筑后退距离的确定方法和影响因素均有详细的规定。一般包括建筑后退用地红线、建筑后退道路红线、建筑后退河道蓝线、建筑后退绿线、黑线、紫线等。其退让距离的确定除必须考虑消防、防汛、交通安全等方面外,还应考虑城市景观、城市公共活动空间要求等。

建筑后退的具体要求,可参考各城市的城市规划管理技术规定。

3. 建筑间距

建筑间距是两栋建筑物或构筑物之间的水平距离。对建筑间距的控制是使建筑物之间保持必要的距离,满足消防、卫生、环保、工程管线和建筑保护等方面的基本要求。

除此之外,从人们居住的生理和心理健康需求考虑,建筑物之间必须保持一定的间距以满足日照、通风的要求。根据各地区的气候条件和居住卫生要求确定的,居住建筑正面向阳房间在规定的日照标准日获得的日照量,是编制居住区规划,确定居住建筑间距的主要依据。一般居住建筑之间的间隔距离采用日照间距作为具体指标来控制。

在实际应用中,常以日照间距系数为依据,以便于根据不同建筑高度算出间距。对于非居住建筑之间、居住建筑与非居住建筑之间的间距要求,各地方一般均有相关规定。

五、城市设计引导

1. 城市设计的含义与作用

城市设计作为专业名词,其含义有不同的解释。据《中国大百科全书(建筑、园林、城市规划卷)》的解释,城市设计是"对城市体形环境所进行的设计"。《简明不列颠百科全书》的解释是"对城市环境形态所作的各种合理处理和艺术安排"。林奇(Kelvin Lynch)认为,"城市设计专门研究城市环境的可能形式"。英国建筑师吉伯德(Frederick Gibberd)对城市设计的表述更为具体,他认为"城市设计主要是研究空间的构成和特征","城市设计的最基本特征是将不同的物体联合,使之成为一个新的设计,设计者不仅必须考虑物体本身的设计,而且要考虑一个物体和其他物体之间的关系","城市设计不仅是考虑这个构图有恰当的功能,而且要考虑它有令人愉快的外貌"。依据上述各种解释,城市设计的含义可概括为"对城市形体及三维空间环境的设计"。

城市设计(图8-11)不同于城市规划和建筑设计,它可以广义地理解为设计城市,即对物质要素,诸如地形、水体、房屋、道路、广场、绿地等进行综合设计,以及包括对使用功能、工程技术及空间环境的艺术处理。最初,城市建设常常由于在城市规划、建筑设计以及其他工程设计之间缺乏衔接环节,导致城市体形空间环境不良,这个衔接环节就需要通过进行城市设计完成补充。它具有承上启下的作用,以城市空间总体构图引导项目设计。城市设计的重要作用还表现在为人类创造更亲切美好的人工与自然结合的城市生活空间环境,促进人的居住文明和精神文明的提高。

图8-11 城市设计成果示意图

而如今,城市设计已经被广泛地理解为优化城市综合环境质量的综合性安排,已经贯穿于我国法定城市规划的各个阶段的始终。另外,在战略规划、城市整体风貌设计、历史名城(街区)保护规划、城市规划的管理等扩展的规划工作领域中,城市设计也致力于城市空间结构的改造、新街区建设、居民生活改善等,侧重于城市的不同方面,作用于城市的不同要素,发挥着独特的作用。而不同阶段的城市设计,其研究对象、尺度、成果表达也是不同的。

2. 建筑体量

建筑体量指建筑物在空间上的体积,包括建筑的长度、宽度、高度。建筑体量一般从建筑竖向尺度、建筑横向尺度和建筑形态三方面提出控制引导要求,通常对其上限作出规定。

建筑体量的大小对于城市空间有很大的影响,同样大小的空间,被大体量的建筑围合,和被小体量的建筑围合,给人的空间感受完全不同。另一方面,建筑所处的空间环境不同,其体量大小给人的感受也不同。

3. 建筑形式

技术和理念的进步使建筑具有更多的外在形式,而不同的城市因其具有不同的城市文化特色,也会产生不同的地方建筑风格。应根据具体的城市特色、具体的地段环境风貌要求,从整体上考虑城市风貌的协调性,对建筑形式与风格进行引导与控制。

4. 建筑色彩

色彩能引起人的生理反应和心理反应,同时,色彩也是人们对城市环境直观感受的主要要素之一,如青岛给人的印象是"青山、绿树、红瓦、蓝天、碧海"。统一协调、富有地方特色的建筑色彩令街道或地区具有动人的魅力。各种类型的建筑都有相对适合它的建筑形式及色彩。而一个城市的色彩,要受其历史、气候、植被、文化等诸多因素的影响。如北方城市因气候寒冷,植被颜色较单一,但民风热情,建筑色彩往往较南方更加艳丽。

建筑色彩一般从色调、明度和彩度上提出控制引导要求,建筑色彩的控制应分类进行,包括:①建筑主体的色谱(如墙面、墙基、屋顶等主要颜色);②点缀色谱:与建筑主调相配合的建筑体的其他因素(如门、窗框、栏杆等);③组合色谱:指建筑主体色谱和点缀色谱相配合的谱系。北京市要求对城市建筑物外立面进行定期清洗粉饰,建筑物外立面粉饰主要选择以灰色调为主的复合色,以创造稳重、大气、素雅、和谐的城市环境。

5. 建筑空间组合控制

建筑空间组合控制是对建筑群体环境的控制引导,即对由建筑实体围合成的城市空间环境及周边其他环境提出控制引导原则,一般通过规定建筑组群空间组合形式、开敞空间的长宽比、街道空间的高宽比和建筑轮廓线示意等达到控制城市空间环境、空间特征的目的。

城市建筑群体整体空间形态可以分为封闭空间形态、半开放空间形态和全开放空间形态。不同的建筑空间组合会给人不同的空间感受。根据不同的情况和要求,建筑空间组合应采用不同的形式,形成公共或私密的空间形态。

6. 建筑小品

控制性详细规划中对绿化小品、商业广告、指示标牌等街道家具和建筑小品的引导控制一般是通过规定其内容、位置、形式和净空限界来实现的。

六、配套设施控制

1. 公共设施配套控制

公共设施配套一般包括文化、教育、体育、公共卫生、商业、服务业等生产生活服务设施的配套。公共设施可分为两大类,一是城市总体层面上的公共服务设施,二是不同性质用地上的公共服务设施。

(1)城市总体层面上的公共服务设施配套要求。

主要依据城市总体规划或分区规划所确定的公共服务设施配置要求,将上层次规划用文字规定的公共服务设施内容落实到空间用地和具体位置上。

(2)居住区的公共服务设施配套要求。

居住区公共服务设施在整个公共服务设施体系中占据非常重要地位,其配置必须与居住人口规模相适应,其配建指标分为控制性和指导性指标。一般为确保公共服务设施用地的落实,各类公共服务设施用地的指标为控制性指标,公共服务设施用地(不计公共绿地)占居住区总用地的百分比不小于15%。

2. 市政设施配套控制

主要包括对给水工程、排水工程、供电工程、通信工程、燃气工程、供热工程、管线综合、防灾规划等方面内容的规划与控制。

七、行为活动控制

行为活动控制是从外部环境要求出发,对建设项目自交通活动和环境保护两方面提出控制规定。其控制内容为:交通出入口方位和数量、禁止机动车出入口路段、交通运行组织规定、地块内允许通过的车辆类型以及地块内停车泊位数量和交通组织等。对环境保护的控制通过制定污染物排放标准,防止在生产建设或其他活动中产生的废气、废水、废渣、粉尘、有毒有害气体、放射性物质以及噪声、振动、电磁波辐射等对环境造成污染和危害,达到环境保护的目的。

1. 交通活动控制

控制性详细规划对道路及其设施的控制,主要指对路网结构的深化、完善和落实总体规划、分区规划对道路交通设施和停车场(库)的控制。

(1)交通方式控制。

根据地形条件和用地布局确定经济、便捷的道路系统和断面形式;符合人和车交通分行、机动车与非机动车交通分道的要求;合理组织人流、货流、车流,建立高效、持续的交通系统。

(2)出入口方位、数量控制。

主要指地块内允许设置出入口的方位、位置和数量。地块出入口方位要考虑周围道路等级及该地块的用地性质。一般规定城市快速路不宜设置出入口,城市主干道出入口数量要求尽量少,相邻地块可合用一个出入口。城市次干道及支路出入口根据需求设定,数量一般不作限制。

例如,《湖北省控制性详细规划编制技术规定》中规定,机动车出入口开设需符合以下规定:①距大中城市主干路交叉口距离,自道路红线交点起不应小于70m;②距道路交叉口过街人行道(包括引桥、引道和地铁出入口)边缘不应小于5m;③距公共交通站台边缘不应小于10m;④距公园、学校、儿童及残疾人建筑的出入口不应小于20m;⑤与立交道口关系处理及在其他特殊情况下出入口的开设应按当地规划主管部门的规定办理(图8-12)。

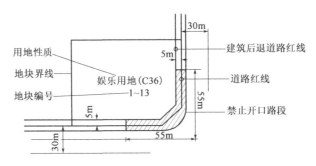

图8-12 禁止开口路段图示例

(3)停车泊位。

停车泊位指规划地块内规定的停车车位数量,包括机动车车位数和非机动车车数。控制的具体内容包括对社会停车场(库)进行定位、定量(泊位数)、定界控制;对配建停车(库),包括大型公建项目和住宅的配套停车场(库),进行定量(泊位数)、定点(或定范围)控制;确定各地块内按建筑面积或使用人数计算必须配套建设的机动车停车泊位数。

(4)其他交通设施。

主要包括大型社会停车场、公交站点停保场、轻轨站场、加油站。

《城市道路交通规划设计规范》(GB 51021—2018)规定:公共停车场用地面积按规划城市人口每人 0.8~1.0m² 计算,其中,机动车停车场用地占 80%~90%,自行车停车场用地占 10%~20%。公共停车场采用当量小汽车停车位数计算。一般地面停车场每车位按 25~30m² 计,地下停车场每车位按 30~35m² 计。公共停车场服务半径在市中心地区不应大于 200m²,一般地区不应大于 300m²;自行车公共停车场服务半径以 50~100m 为宜。城市公共加油站服务半径应在 0.9~1.2km 之间,且以服务小型客车为主。

2. 环境保护规定

根据城市总体规划阶段环境保护的要求及当地环境保护部门制定的环境保护要求,提出该地区环境保护规定,主要包括:噪声、振动等允许标准值、水污染物允许排放量、水污染物允许排放浓度、废气污染物允许排放浓度、固体废弃物控制等。

第三节 修建性详细规划的相关概念与内容

一、修建性详细规划的起源

在我国的城市规划体系中,修建性详细规划具有较长的历史。事实上,在控制性详细规划正式出现之前,修建性详细规划就是详细规划的代名词,详细规划最早出现在 1952 年《中华人民共和国编制城市规划设计与修建建设设计程序(初稿)》中,并一直为后来的规划体系所沿用。在控制性详细规划这一名词和概念出现后,传统的详细规划被冠以修建性详细规划的名称,以示区别。

在 1991 年之前的城市规划体系中,修建性详细规划与城市总体规划相对应,主要承担描绘城市局部地区具体开发建设蓝图的职责。城市重点项目或重点地区的建设规划、居住区规划、城市公共活动中心的建筑群规划、旧城改造规划等均可以看作是修建性详细规划。在控制性详细规划出现后,修建性详细规划的基本职责并未发生太大的变化,依然以描绘城市局部的建设蓝图为主。但相对于控制性详细规划侧重于城市开发建设活动的管理与控制,修建性详细规划则侧重于具体开发建设项目的安排和直观表达,同时也受控制性详细规划的控制和指导。

二、修建性详细规划的主要任务

《城乡规划法》第二十一条规定:城市、县人民政府城乡规划主管部门和镇人民政府可以组织编制重要地块的修建性详细规划。修建性详细规划应当符合控制性详细规划。因此,修建性详细规划的根本任务是按照城市总体规划、分区规划以及控制性详细规划的指导、控制和要求,以城市中准备实施开发建设的待建地区为对象,对其中的各项物质要素,例如:建筑物的用途、面积、体形、外观形象、各级道路、广场、公园绿化以及市政基础设施等进行统一的空间布局。

编制修建性详细规划的依据主要来自两个方面：一个是城市总体规划、控制性详细规划对该地区的规划要求及控制指标，另一个是来自开发项目自身的要求。修建性详细规划要综合考虑这两方面的要求，在不违反上位规划的前提下尽量满足开发项目的要求。

三、修建性详细规划的基本特点

相对于控制性详细规划，修建性详细规划具有以下特点。

(1)以具体、详细的建设项目为依据，计划性较强。

修建性详细规划通常以具体、详细的开发建设项目策划及可行性研究为依据，按照拟订的各种功能的建筑物面积要求，将其落实至具体的城市空间中。

(2)通过形象的方式表达城市空间与环境。

修建性详细规划一般采用模型、透视图等形象的表达手段将规划范围内的道路、广场、建筑物、绿地、小品等物质空间构成要素综合地体现出来，具有直观、形象、易懂的特点。

(3)多元化的编制主体。

与控制性详细规划代表政府意志，对城市土地利用与开发建设活动实施统一控制与管理不同，修建性详细规划本身并不具备法律效力，且其内容同样受到控制性详细规划的制约。因此，修建性详细规划的编制主体并不限于政府机构，可根据开发建设项目主体的不同而异。例如，政府主导的旧城改造项目的修建性详细规划应由政府负责编制，但居住区修建性规划就可以由开发商负责编制，当然其前提是在政府编制的控制性详细规划的控制之下，或由政府对规划进行审批。

第九章 国土空间规划前沿趋势

第一节 乡村振兴与国土空间规划

一、乡村振兴政策背景

乡村振兴是我国"十四五"规划的重要战略之一,旨在推动农村经济发展、改善农村人居环境、提高农民生活水平。当前,我国乡村发展面临着一些问题,如农村基础设施薄弱、农业产业不够高效集约且结构单一,产业链不完善,农民收入增长缓慢等。为了解决这些问题,需要采取一系列措施,如加强农村基础设施建设、推进农业产业结构调整、促进农民增收致富等。同时,还需要加强农村基层组织建设,提高农民素质和能力,推动乡村治理体系和治理能力现代化。乡村振兴战略的实施可以促进城乡融合发展,推动我国经济社会的全面进步。

党的十九大描绘了乡村振兴的宏伟蓝图,并将这一战略写入党章。这一决策在我国"三农"事业发展的进程中具有划时代的里程碑意义。十九大报告指出,农业农村农民问题是关系国计民生的根本性问题,必须始终把解决好"三农"问题作为全党工作的重中之重,实施乡村振兴战略。我国乡村发展取得了历史性成就,发生了历史性变革,但城乡发展不平衡、农村发展不充分仍是当前我国社会主要矛盾的重要体现。我国经济实力已今非昔比,人民生活水平也显著提高,到2035年基本实现社会主义现代化远景目标时,全体人民共同富裕取得更为明显的实质性进展,迈出坚实步伐是我们的重要发展目标。2018年1月印发的《中共中央 国务院关于实施乡村振兴战略的意见》以习近平新时代中国特色社会主义思想为指导,对实施乡村振兴战略作出全面部署。

实施乡村振兴战略是建设现代化经济体系的重要基础,是建设美丽中国的关键举措,是传承中华优秀传统文化的有效途径,是健全现代社会治理格局的固本之策,是实现全体人民共同富裕的必然选择。因此,在全面建设社会主义现代化国家新征程上,要举全党全国之力推动乡村振兴,促进农业高质高效、乡村宜居宜业、农民富裕富足。

二、土地集聚开发、分类保护和综合整治措施

1. 相关政策背景

2018年9月,党中央和国务院发布了《乡村振兴战略规划(2018—2022年)》,明确提出要加速国土的综合整治,并开展农村土地综合整治重大行动。规划中设定了具体的目标:到2020年,开展300个土地综合整治示范村镇建设,基本形成农村土地综合整治制度体系;到2022年,示范村镇建设扩大到1000个,形成具备推广到全国的制度体系。同年10月,习近平总书记对浙江的农村土地整治工作给予了高度评价。他指出,浙江的"千村示范、万村整治"工程起步较早、方向明确、成效显著。这一工程不仅在全国范围内具有示范意义,也在国际上获得了认可。

此外,国务院发布的《全国国土规划纲要(2016—2030年)》提出了一个更为宏观的国土整治框架。这个框架包括国土的集聚开发、分类保护和综合整治三个方面,形成了"三位一体"的格局。同时,该纲要还规划了"四区一带"的国土综合整治格局,并计划实施一系列重大的综合整治工程。这些工程的目标是修复国土功能,提升国土开发利用和资源环境承载能力之间的匹配度,进而提高国土开发利用的效率和品质。"四区一带"的综合整治主要围绕城市化地区、农村地区、重点生态功能区、矿产资源开发集中区以及海岸带和海岛地区进行,以分区域的方式加速推进国土的综合整治工作。

新一轮的《全国国土空间规划纲要(2021—2035年)》要求全面地规划城乡发展,加强基础设施建设,提供优质的公共服务,促进产业繁荣,保护生态环境以及加强社会管理。为促进城乡要素的自由流动、居民的自由迁徙以及公共资源的均衡配置,需要进一步完善相关体制机制。县域经济需要充满活力、特色鲜明、专业性强,以便更好地承接城市功能转移,同时辐射并带动乡村的发展。农村的产业融合发展应与新型城镇化建设相结合,引导农村的第二、第三产业向县城、重点乡镇及产业园区等地集中。在新农村的建设中,鼓励推动农村的第一、第二、第三产业融合发展,鼓励规模化经营。进一步加强基础设施的建设,强化农田水利,确保农村饮水安全。同时,要求促进城乡基本公共服务的均等化,在尊重农民意愿的基础上,适当地调整村落布局,加快农村危房的改造工作,包括国有林区(场)、垦区、棚户区的危房改造以及游牧民的定居工程。此外,要求加快省级及以下的国土空间总体规划以及重要区域国土空间规划的编制、审批和实施工作。对村庄规划进行分类编制,深化集体经营性建设用地的入

市试点,并有序推进农村乱占耕地建房的专项整治试点。

2. 相关概念解析

土地集聚开发、分类保护和综合整治是土地资源管理的重要方面,旨在实现土地资源的可持续利用和保护。土地集聚开发是指将分散的土地集中起来进行开发,以提高土地利用效率,实现规模效应。这可以通过土地征收、土地流转、土地整理等方式实现。土地集聚开发可以改善土地利用结构,提高农业生产效率,促进农村经济发展。土地分类保护是指根据土地的类型、用途、质量等因素,对不同类型的土地采取不同的保护措施。这包括对耕地、林地、草地、湿地等不同类型的土地进行保护,防止过度开发和破坏。同时,对于受到污染的土地,需要进行治理和修复,以恢复其生态功能。

土地综合整治是指对土地进行全面的整治和改善,以提高土地的生态、经济和社会效益。这包括土地开发、土地整理、土地复垦、土地修复等方面的工作。例如,对于废弃地、荒山荒坡等未利用地,可以通过土地复垦、生态修复等方式进行整治;对于低效利用地,可以通过土地整理、产业升级等方式进行整治。土地综合整治是指对土地进行综合性的整治和改造,以提高土地的利用价值和生态环境质量,这包括对土地进行平整、改良土壤、修建水利设施、改善交通条件等方面的工作。通过综合整治,可以改善农业生产条件,提高农产品产量和质量,促进农村经济发展。

综上所述,土地集聚开发、分类保护和综合整治是相互关联、相互促进的三个方面。通过在这三方面综合施策,可以更好地保护和利用土地资源,促进经济社会可持续发展。在国土空间规划实践中,需要结合当地实际情况,制定科学合理的规划和政策,确保土地资源的合理利用和保护。

三、土地产权与土地流转的相关政策

1. 相关政策背景和意义

随着时代的发展,农村土地产权与流转机制政策逐渐受到重视。这背后有着复杂而深远的社会、经济和历史背景。城市化进程的加速使农村土地和经济发展面临诸多问题和压力,如农村土地利用率低、经济效益差、农民收入水平低、农村社会经济不发达等问题。传统的农村土地承包制度存在着小农经济特征,土地碎片化程度高,农业生产水平低等问题。为了解决这些问题,推动乡村经济发展和农村土地产权与流转机制政策的出台显得尤为重要。

农村土地产权与流转机制政策的出台,对于推动乡村经济发展具有重要意义。首先,通过实现农村土地流转,可以促使土地集约化经营、规模化经营,提高土地的利用效率。

其次,农村土地流转可以促进农业现代化发展。通过农户之间的合作,实现农业生产的规模经营和专业化分工,提高农业生产的效益。同时,流转土地也可以吸引大量的农业科技、资金、人才等要素向农业领域集聚,推动现代农业的发展。这有助于提升乡村经济的整体竞争力,促进乡村经济的可持续发展。

此外,农村土地流转还可以促进农民增收。通过流转土地,可以增加农民的收入来源,提高农民的收入水平。同时,流转土地也可以为农民提供更多的就业机会和创业机会,促进农民的多元化增收。这不仅能够提高农民的生活质量,也能够为乡村经济发展注入新的

动力。

最后,农村土地产权与流转机制政策的出台还可以推动城乡一体化发展。实现城乡要素的流动和优化配置,可以推动城乡一体化发展。同时,流转土地也可以为城市资本进入农村提供机会,促进城乡经济的互动发展。这有助于缩小城乡差距,促进城乡共同繁荣。

总之,农村土地产权与流转机制政策的出台对于推动乡村经济发展具有重要意义。实现农村土地流转可以提高土地利用率、促进农业现代化发展、促进农民增收以及推动城乡一体化发展。这不仅能够提高农民的生活水平和生活质量,也能够为乡村经济发展注入新的活力和动力。

2. 国土空间规划中应关注的具体政策和措施

我国的土地产权与流转机制相关政策是在农村土地改革、土地管理法以及农业政策等多方面因素的综合作用下形成的。这些政策旨在保护农民的合法权益,促进农业生产效率的提高,推动农村经济的发展。我国政府持续推进农村土地改革,以提高农业生产效率、改善农民福利、促进农村经济发展。其中包括对农村土地流转的政策支持,允许农民将土地承包经营权流转给其他农户或农业经营主体,以实现规模化、集约化经营。新的《中华人民共和国土地管理法》规定了土地的所有权、使用权、流转权等方面的内容,为土地产权与流转提供了法律保障。在2020年1月1日,新修《中华人民共和国土地管理法》实施之前,集体用地入市是违法的,因为在此之前的2004版土地管理法规定:从事非农业建设必须使用国有土地或者将原集体土地征为国有。农民集体所有的土地的使用权不得出让、转让或者出租用于非农业建设。新修土地管理法删除了2004版第四十三条规定,并新增规定:对土地利用总体规划确定为工业、商业等经营性用途,并经依法登记的集体经营性建设用地,允许土地所有权人通过出让、出租等方式交由单位或者个人使用。规定的集体经营性建设用地出让、出租等,应当经本集体经济组织成员的村民会议三分之二以上成员或者三分之二以上村民代表的同意。新法明确了土地的权属关系,规范了土地的流转程序,保障了土地流转双方的权益。

政府还制定了一系列农业政策,如农业补贴、农业保险等,以鼓励农民进行农业生产。这些政策有助于促进农业的发展,提高农民的收入水平,进一步推动了农村土地流转。土地产权与流转机制相关政策主要包括以下几个方面:

(1)明确土地产权。

首先,要明确土地的产权归属,确保土地所有者的权益得到保障。这包括确定土地所有者、使用者、承包者等各方的权利和义务,以及土地使用权的流转方式、期限、价格等。

(2)规范土地流转。

在明确土地产权的基础上,要规范土地的流转行为。这包括制定土地流转的法律法规,明确流转程序、条件和监管措施,防止土地流转过程中的不规范行为和纠纷。

(3)促进土地规模经营。

通过土地流转,可以促进土地的规模经营。这有利于提高农业生产效率,降低生产成本,提高农产品质量,增加农民收入。

(4)保护生态环境。

在土地流转过程中,要注重保护生态环境。避免过度开发和破坏性耕作,保持土地的可持续利用,实现经济发展与环境保护的良性循环。

(5)加强政策引导。

政府应加强对土地流转的政策引导,鼓励和支持新型农业经营主体参与土地流转,推动现代农业的发展。同时,也要加强对土地流转的监管,防止出现恶意囤积土地等扰乱市场秩序的行为。

土地产权与流转机制相关政策旨在发挥明确产权、规范流转、促进规模经营、保护生态环境和加强政策引导等方面的作用,以推动农业现代化和农村经济发展。在国土空间规划中应保证主要相关土地产权的权属明确和政策引导的规划落实。

四、集约有效布局乡镇基础设施

集约有效布局乡镇基础设施是国土空间规划的一项重要的任务。乡镇基础设施的现代化程度直接关系到乡镇人民的生活水平、卫生健康、安全防灾和文明发展。然而,过度的基础设施建设也会造成资金的浪费和规划实施效率的降低。在布局乡镇基础设施之前,需要制定科学合理的规划,明确乡镇的发展方向和目标。规划应该考虑到当地的经济、社会和环境因素及未来发展趋势。优化资源配置,确保乡镇基础设施布局合理、集约高效。这包括道路、桥梁、水利、电力、通信等基础设施的建设以及教育、医疗、文化等公共服务设施的建设。另外,还包括信息化建设规划,信息化建设是乡镇基础设施现代化的重要标志,需要积极推进。其具体工作包括建设信息化网络、推广数字化技术、提高信息化应用水平等。

乡镇国土空间规划的道路网络是乡镇未来发展的基础条件。在道路交通规划方面,应依据"外引内联"原则,形成与周边市县乡镇、与下属村庄社区联系的复合通道。道路网络对外要融入所在市县的交通网络,为生产和生活提供更好的区域网络链接;对内,加强各村庄居民点与乡镇中心的网络连接,构建村庄内部、各村之间、村镇之间的便捷联系。同时规划构建慢行路网体系,实现城乡路网体系与其他空间要素的互动协调。

在公共服务设施布局中,应参照15min社区生活圈布局方法。以15min出行时间(1km出行距离)为半径,分级分类布置公共服务设施点。比如,在兰溪市游埠镇,以15min乡村生活圈为基础,构建"镇—中心村—村"三级公共服务设施体系。规划从游埠镇域人口的空间分布、出行需求等角度出发,结合镇域内各层级的公共服务点配置要求,以村庄居民点(自然村)为出发地,以15min出行时间为半径构建三个层级的乡村15min生活圈。内容包括:

(1)满足村民高频且日常的生活、生产及公共服务需求的公共设施,该类以村级公共服务设施为目的地的自足生活圈,规划在各行政村设置村公共服务设施点。

(2)以中心村级公共服务设施为目的地的基础生活圈,包含便民购物赶集、文体活动、低幼教育、卫生室等内容,规划设置中心村级公共服务设施点。

(3)集中设置在镇区的满足村民必要但低频的日常活动需要的设施,包括医疗、中小学、商贸、文化、行政办公、旅游休闲、商业购物、产业配套等镇级服务设施,该类是以镇级公共服务设施为基础扩展生活圈。

五、合理布局乡镇产业空间和促进产业融合发展

在国土空间规划中,乡镇国土空间规划首先应充分关注乡镇产业的发展需求,合理布局

乡镇产业发展空间。规划应深入调查和分析当地基础条件,充分考虑区位地理条件、农业特色、生态与旅游资源、文化遗产、现状产业基础、周边产业链优势、城市的溢出资源等因素,在此基础上策划乡镇主导产业和特色产业,合理布局各类产业,避免产业过度集中或分散,多层次布局产业发展空间,推动本土创新创业,提高乡镇产业的竞争力。

另外,规划应促进产业融合发展,需考虑以下几个方面:

(1)优化产业布局,加强产业集聚区建设。

通过建设产业集聚区,促进相关产业的集聚和产业链的延伸,提高产业的整体竞争力。

(2)推动产业融合发展。

鼓励不同产业之间的融合发展,通过技术创新、模式创新等方式,促进产业之间的交叉渗透和融合,形成新的产业形态。

(3)同步规划加强基础设施设计。

完善交通、能源、通信等基础设施建设,为产业融合发展提供良好的条件和保障。

(4)做好政策支持和人才队伍建设规划,出台相关政策,支持乡镇产业的发展。例如,可以提供财政补贴、税收优惠等政策,吸引企业到乡镇投资。加强人才培养和引进,为产业融合发展提供强有力的人才支撑。总之,在国土空间规划中促进产业融合发展需要从多个方面入手,综合考虑各种因素,制定科学合理的规划方案。

在国土空间规划中合理布局乡镇产业空间需要综合考虑多方面因素,包括当地资源禀赋、产业发展定位、基础设施建设、政策支持等。只有全面考虑并制定科学合理的规划方案,才能实现乡镇产业的可持续发展和区域经济的繁荣。

六、国土空间规划政策导向和规划措施小结

在乡村振兴的大背景下,国土空间规划应该关注以下政策导向和规划措施。

政策导向主要包括:

(1)强调资源高质高效利用。国土空间规划应引导农业向专业化、规模化、科技化方向发展,提高农业生产效率和农产品质量,通过土地综合整治分类保护等措施来推动资源的高效利用。

(2)促进乡村宜居宜业。规划应关注乡村环境的改善,提升乡村基础设施和公共服务设施水平,创造宜居宜业的乡村环境。

(3)保护和传承中华优秀传统文化。国土空间规划应将传统文化保护与现代社会发展相结合,促进传统文化的传承和发展。

(4)推动农民富裕富足。规划应关注农民的福祉,通过多种途径增加农民收入,提高农民的生活水平。

(5)完善现代社会治理格局。规划应注重乡村治理结构的优化,提升乡村治理的效率和公平性。

规划措施主要包括:

(1)优化产业空间布局。通过合理的空间布局,促进农业的规模化、专业化发展。

(2)集约高效布局乡村基础设施。加强乡村道路、水利、电力、通信等基础设施建设,提升乡村的交通便利性和信息通达性。

(3)强化生态环境保护。在国土空间规划中应注重生态环境的保护和修复,促进乡村的

可持续发展。

(4)促进城乡融合一体化发展。通过城乡空间的一体化规划,促进城乡之间的资源共享和优势互补。

(5)加强政策保障。制定和完善相关政策,为乡村振兴提供政策支持和保障。

总之,在乡村振兴背景下,国土空间规划需要注重农业的高质高效、乡村的宜居宜业、农民的富裕富足等多方面的发展需求,通过优化空间布局、完善基础设施、保护生态环境、促进城乡一体化发展等措施,为乡村振兴提供有力支持。同时,还要关注新型农业经营主体的培育、乡村特色产业的发展、乡村旅游的开发和产业融合发展、农村土地制度的完善以及农民素质的提高等方面,推动乡村经济的多元化发展和农民的全面富裕。

第二节 城市更新与国土空间规划

一、城市更新的背景与意义

随着城市化进程的快速推进,我国城市发展已经进入存量发展时代。这意味着城市发展的重点不再是简单的规模扩张,而是更加注重城市空间结构的优化和品质的提升。当前城市发展面临着诸多挑战。快速城市化带来的土地稀缺问题,促使人们思考如何更好地利用和更新现有的城市资源。同时,有些地区出现了土地城镇化快于人口城镇化的现象,城镇建设用地规模扩张过快。超大城市的发展建设伴随着严重的交通拥挤、环境污染等"城市病",这些问题的解决需要通过城市更新行动来推动。

城市更新的意义远非局限于表面上的更新换代。首先,它是对城市空间布局的优化,使得城市能够更加高效、有序地运转,从而缓解和治理"城市病"。其次,城市更新有助于提升城市的整体品质和形象,使城市更具魅力和吸引力。再次,城市更新可以推动产业结构的升级和经济发展方式的转变,实现经济社会的可持续发展。另外,城市更新直接关系到居民的生活质量,它为居民提供了更加舒适、宜居的环境,从而促进了社会的和谐稳定。最后,城市更新推动城市高质量发展,城市更新行动可以转变城市开发建设方式,推动老旧厂房、老旧小区、平房区、低效楼宇在运用中提质增效,实现功能置换。这有助于推动城市的高质量发展,提高城市的可持续发展能力。

综上所述,城市更新不仅是应对城市化挑战的重要手段,更是推动城市高质量发展的重要途径。在城市更新中,国土空间规划重新审视和思考城市的发展方向和未来,思考如何解决经济社会发展中各自领域存在的突出问题。这些问题可能存在于老旧小区、城市基础设施、交通出行、社区治理、公共空间、历史文化遗产、生态环境等城市发展各个领域,往往也是经济社会发展的瓶颈,需要通过城市更新寻求破解之道。

二、城市更新与城市体检政策

为了更科学地开展城市更新,住建部提出实施城市体检,加强更新诊断。城市体检是对城市的全面扫描和评估。它通过对城市的经济、社会、环境和文化等多个方面的调查和分析,为城市的未来发展提供科学依据。城市体检不仅可以帮助规划师和决策者发现问题和瓶颈,还可以为城市规划提供重要的参考和指导。通过城市体检,可以更好地了解城市的现状和未来发展趋势,为城市的可持续发展提供有力支持。

住建部发布的《城市体检评估工作报告编制导则》为各地建立城市体检评估制度提供了指导,并要求定期开展城市体检评估工作,为城市更新提供依据,并要求各地根据城市体检结果,制定城市更新专项规划,明确更新目标、重点任务和具体项目,推动城市更新工作有序开展。

城市体检是城市更新的重要依据,通过建立体检指标体系,对城市人居环境状况进行全面、常态化、周期性的评价,从"住房、社区、街区、城区"四个层面查找人居环境的短板,是发现问题与解决问题的一种科学决策方法。同时,也是实施城市更新行动、统筹城市规划建设管理、推动城市人居环境高质量发展的重要抓手。

在实践中,城市更新和城市体检需要相互配合、相互促进。政府和社会各界需要加大对城市更新的投入,提高城市体检的科学性和准确性。同时,也需要注重公众参与和社区共建,让城市更新和城市体检带来的结果更加符合公众的需求和期望。

城市体检是对城市的全面考察,主要关注以下领域。

(1)社区设施与服务:重点评估社区养老服务设施、婴幼儿照护服务设施、公共活动场地和文化活动中心等设施的配建情况,确保这些设施功能完善、服务到位。

(2)街区环境:从功能完善、整洁有序、特色活力三个方面找准公共服务设施缺口以及街道环境整治、更新改造方面的问题,以激发街道活力,提升街区生活体验。

(3)城市生态与历史文化:关注生态宜居、历史文化保护利用等方面,识别城市在可持续发展和竞争力方面的短板。

(4)城区发展:从产城融合与职住平衡、安全韧性、智慧高效等方面全面评估城市的发展状况。

(5)城市基础设施的体检:城市基础设施作为支撑城市正常运转的基石,其健康状况直接关系到城市的可持续发展。通过定期对基础设施进行体检,可以及时发现存在的隐患和问题,为后续的维修和改造提供科学依据。同时,基础设施体检也有助于提高城市的防灾减灾能力,保障市民的生命财产安全,主要包括交通设施、排水系统、供水系统,以及能源和通信设施等若干方面。

通过对以上领域的全面体检,可以更准确地了解城市的发展状况,发现短板和问题,为未来的城市规划和发展提供有力的依据。

三、城市更新的规划引导要点

城市更新是城市发展的关键环节。它通过对城市中衰落区域的改造和更新,为城市注入新的活力和动力。这种更新不仅是对城市硬件设施的升级,更是对城市文化、历史和环境的保护和传承。通过城市更新,可以让城市焕发新的生机和活力,提高城市的竞争力和吸引力。城市更新往往要解决城市中某一衰落区域的拆迁、改造、投资和建设问题,以全新的城市功能替换功能性衰败的物质空间,使之重新发展和繁荣。它包括两方面的内容,一方面是对客观存在实体(建筑物等硬件)的改造,比如对历史街区、老旧小区建筑实施的更新;另一方面是对各种生态环境、空间环境、游憩环境等的改造与延续,包括邻里的社会网络结构、空间上的可达性、环境的舒适性等。

在更新规划中,应针对城市体检问题提出解决方案,另外也需系统性地考虑以下原则和要求:

(1)保护历史文化。在城市更新过程中,需要保护历史文化遗产,传承城市文脉,营造具有地域特色和历史文化底蕴的城市风貌。

(2)改善人居环境。城市更新需要关注居民的生活质量,通过改善基础设施、公共服务设施、生态环境等方式,提高居民的生活品质。

(3)优化功能布局。城市更新需要注重合理布局,通过优化空间结构提高土地利用效率。

(4)改善交通出行方式。提高城市的整体品质和可持续发展能力。

(5)促进可持续发展。城市更新需要遵循可持续发展的理念,注重资源的节约和循环利用,推动城市的绿色低碳发展。

(6)重视公众参与。城市更新需要充分尊重公众的意愿和需求,通过公众参与的方式,让公众成为城市更新的主体和受益者。

总之,城市更新是一项长期而艰巨的任务,需要政府、社会各方面的共同努力,通过科学规划、合理布局、综合施策,推动城市的可持续发展。

四、完整社区与未来社区规划设计

完整社区与未来社区规划设计是当前城市住区更新发展的重要概念和议题。随着城市化进程的加速,城市住区面临着诸多挑战,如人口老龄化、环境质量差、设施缺乏等。为了解决这些问题,城市住区在更新和改造过程中,需要加强文化建设、服务配套和技术创新,推动城市的可持续发展,为居民提供更加宜居的生活环境,完整社区和未来社区的理念和相关政策也在这样的需求下应运而生。

1. 完整社区

完整社区是指居民适宜步行范围内有完善的基本公共服务设施、健全的便民商业服务设施、完备的市政配套基础设施、充足的公共活动空间、全覆盖的物业管理和健全的社区管理机制,且居民归属感、认同感较强的居住社区。这个概念是由国家最高科学技术奖获得者、中国工程院和中国科学院两院院士吴良镛在2010年提出的,具有丰富的内涵,不仅包括住房问题,还包括服务、治安、卫生、教育、对内对外交通、娱乐、文化公园等多方面要素。

为了推进完整社区建设,我国政府制定了一系列政策。完整社区政策旨在推进社区的全面发展和提升居民的生活质量。通过完善社区服务设施、打造宜居生活环境等措施,政府希望构建具有居民归属感和认同感的居住社区,为居民提供更加完善的公共服务。其中,住房和城乡建设部办公厅发布的《完整居住社区建设指南》是重要的指导文件,其明确了完整社区建设的标准和要求。根据该指南,要完善社区服务设施,以社区居民委员会辖区为基本单元推进完整社区建设试点工作。按照相关标准规范要求,应规划建设社区综合服务设施,包括幼儿园、托儿所、老年服务站、社区卫生服务站等。每百户居民拥有综合服务设施面积不低于30平方米,60%以上建筑面积应当用于居民活动。既有社区可结合实际确定设施建设标准和形式,通过补建、购置、置换、租赁、改造等方式补齐短板。相关标准规范还要求统筹若干个完整社区构建活力街区,配建中小学、养老院、社区医院等设施,与15min生活圈相衔接,为居民提供更加完善的公共服务。

除了上述提到的政策措施外,我国政府还通过多种方式推动完整社区的建设。此外,政府还鼓励各地因地制宜,在满足基本要求的前提下,探索具有地方特色的完整社区建设模式。例如,一些城市在老旧小区改造中,通过整合资源、完善基础设施、提升环境品质等措施,打造了适应当地文化的宜居生活环境,提升了当地居民的生活品质。

政府也加大了对完整社区建设的财政支持力度。通过制定各种补贴和奖励政策,鼓励各地进行完整社区的建设,特别是在老旧小区的改造方面。这些财政支持政策为各地推进完整社区建设提供了重要的资金保障。其次,政府加强了对完整社区建设的组织领导。各级政府成立了完整社区建设领导小组,负责统筹协调和推进完整社区建设工作。同时,政府还建立健全工作机制,明确责任分工,确保各项政策措施得到有效落实。此外,政府还注重引导社会力量参与完整社区建设,通过制定相关政策,鼓励企业、社会组织和个人积极参与完整社区的建设,形成政府、企业、社会共同参与的良好格局。

政府还注重落实对完整社区建设的监督和评估。通过制定相关标准和规范,加强对完整社区建设的指导和监督,确保各项政策措施得到有效执行。同时,开展对完整社区建设成果的评估和验收,及时发现问题和不足,提出改进措施,推动完整社区建设不断完善和发展。

建设完整居住社区,旨在对城市空间进行优化布局,确保居民在步行范围内享有完备的设施环境、全面的生活服务以及高效的管理机制,从而充分满足居住社区生活的各项基本需求。同时,这一举措亦是对社会结构的重新整合,旨在修复社会关系,培育共同的社区文化,并营造积极向上的社会氛围。住建部提出,在建设完整居住社区的过程中,应积极倡导社区管理模式的转变,即由传统的政府主导模式向多元化社会参与模式转变。这既需要政府在设施建设、基本服务等领域发挥兜底保障作用,确保居民的基本生活需求得到满足;同时也强调居民和社会组织应发挥主体作用,积极参与社区治理,共同构建共建共治共享的社区治理体系。住建部要求通过秉持"美好环境与幸福生活共同缔造"的理念,各城市地方政府需致力于建设美丽宜居的家园,凝聚广泛的社会共识,并塑造共同的精神风貌。这不仅是提升居民生活质量的重要举措,也是推动社会和谐稳定发展的有力保障。各城市地方政府正积极投身于完整社区的实践之中:厦门市大力推行"美丽厦门共同缔造"试点行动,成功构建了包含"六有、五达标、三完善"在内的完整社区指标体系,并积极探索创新基层社会治理的方法和路径,有效改善了社区环境和服务品质,为居民创造了更为宜居的生活环境。沈阳市全面启动"幸福沈阳、共同缔造"行动,坚持"核心是共同、基础在社区、党建为根本、群众为主体、创新为动力"的基本原则,推动社会治理重心向城乡社区下移。经过持续努力,沈阳市的完整社区已初步构建起"纵向到底、横向到边、协商共治"的治理体系,有效扩大了群众参与共同缔造的覆盖范围,显著提升了群众的认同感、归属感和自豪感。上海市积极践行"小规模、低影响、渐进式、适应性"的社区发展模式,致力于打造15min生活圈。在完整社区建设中,上海市鼓励社区规划师、设计师与居民共同参与、共同推进社区公共服务设施、公共空间的微更新、小改善。经过不懈努力,上海市已建设了一批安全健康、设施完善、管理有序的完整居住社区,为居民提供了更为便捷、舒适的生活空间。

综上所述,完整社区政策旨在推进社区的全面发展和提升居民的生活质量。通过完善政策措施、加大财政支持力度、加强组织领导、引导社会力量参与和监督评估等手段,政府正在积极推进完整社区建设工作,为居民创造更加宜居的生活环境。国土空间规划中,应做好相应的规划统筹和管控引导。完整社区的规划设计中,应该注重空间的合理利用和功能的完善。通过科学规划,合理利用资源实现社区空间的优化配置,提高社区的宜居性和舒适性。此外,还需要加强社区的文化建设,提高居民的归属感和凝聚力,推动社区管理由政府主导向社会多方参与转变。建设完整社区,不仅是对城市空间进行重构,同时也是对社会形态进行重组,通过完整社区建设、修复社会关系,引导发挥居民和社会组织的主体作用,形成共同的社区文化。

2. 未来社区

未来社区的概念是由浙江省政府于2019年首次提出的,它以人民对美好生活的向往为中心,以人本化、生态化、数字化为价值导向,以和睦共治、绿色集约、智慧共享为基本内涵,构建未来邻里、教育、健康、创业、建筑、交通、低碳、服务和治理九大场景,打造具有居民归属感、舒适感和未来感的新型城市功能单元。

浙江省政府在支持未来社区的建设方面采取了一系列措施,包括政策支持、资金投入、技术推广和人才培养等。例如,浙江省政府在同年3月正式出台了《浙江省未来社区建设试点工作方案》,为未来社区的建设提供了具体的指导。此外,政府还在医疗卫生服务体系、乡村医疗卫生体系、数字中国建设等方面出台了一系列政策,以支持未来社区的建设和发展。在医疗卫生服务体系方面,中共中央办公厅、国务院办公厅印发了《关于进一步完善医疗卫生服务体系的意见》,旨在加强医疗卫生服务体系建设,提高医疗卫生服务水平,满足人民群众对健康的需求。

在乡村医疗卫生体系方面,中共中央办公厅、国务院办公厅印发了《关于进一步深化改革促进乡村医疗卫生体系健康发展的意见》,旨在加强乡村医疗卫生体系建设,提高乡村医疗卫生服务水平,促进乡村医疗卫生事业的健康发展。在数字中国建设方面,中共中央、国务院印发了《数字中国建设整体布局规划》,旨在推进数字中国建设,提高数字化水平,推动数字经济发展。

未来社区的概念得到了浙江省各级政府的大力支持,各地政府通过出台相关政策来促进未来社区的建设和发展。未来社区的建设将有助于提高人民的生活质量,推动城市的可持续发展。除了上述政策外,浙江省政府还采取了一系列措施来支持未来社区的建设。例如,加大了对未来社区建设试点项目的投入,鼓励各地探索适合自身的发展模式。同时,浙江省政府还推动跨区域、跨领域、跨部门的合作,加强未来社区建设的整体协调性。

在未来社区的建设过程中,数字化技术的应用也是浙江省政府关注的重点。一系列政策的出台推动了数字化技术在未来社区建设中的应用,如智慧城市建设、数字孪生城市等。这些技术的应用将有助于提高未来社区的智能化水平,为居民提供更加便捷、高效的服务。此外,浙江省政府还重视未来社区的人才培养,通过设立人才培养计划和奖励机制,鼓励更多的专业人才投身于未来社区的建设中,提高未来社区建设的质量和效率。

综上所述,未来社区是具备创新性、可持续性、智慧化等特点的社区。此外,未来社区还应该具备高效能的能源系统、智能化的基础设施、便捷的交通网络等,能够为居民提供更加便捷、舒适的生活环境。在规划设计未来社区时,需要注重利用先进的技术和理念,推动社区的创新发展。例如,可以利用数字化和智能化技术,提高社区的管理效率和便民服务水平,利用可再生能源技术推动社区的绿色节能建设和可持续发展。

第三节 交通强国与国土空间规划

一、交通规划在国土空间规划中地位和意义

交通体系规划在国土空间规划中具有极其重要的意义。首先,交通体系是城市日常社会活动开展和维持的重要基础。社会经济活动主要聚集在交通服务便利的地区,这意味着交通体系在塑造空间形态和功能布局方面起着引导性作用,为空间的规划、发展和保护提供支撑和引导。

随着城市化进程的加速和人们生活水平的提高,交通需求不断增加,而交通体系的完善与否直接影响到人们的出行和货物的流通是否通畅。一个高效、便捷、完善的交通体系能够促进地区之间的联系和交流,推动产业的发展和升级,从而带动整个社会经济的进步。同时,交通体系规划也是保护环境和生态的重要手段。在国土空间规划中,需要充分考虑对环境和生态的保护,而交通体系规划则是其中的重要环节。合理的交通体系规划能够减少交通对环境的污染,降低能源的消耗,维持生态平衡,从而实现可持续发展。此外,综合交通体系规划是支撑和约束国土空间使用、优化空间结构、协调空间组织、转变国土空间联系方式的重要手段和途径。这意味着,国土空间综合交通体系规划不仅是专项规划,而且是国土空间规划体系中的重要组成部分和关键内容之一。

综上所述,交通体系规划在国土空间规划中具有重要的意义,它不仅影响城市和区域的发展,还是可持续发展的重要组成部分。此外,它不仅关系到人们的出行和货物的流通,还对社会经济发展和环境保护产生深远的影响。因此,在国土空间规划中,需要充分考虑交通体系规划的重要性和作用,合理规划交通布局和发展,为城市的可持续发展提供有力的支撑和保障。深入研究交通规划与国土空间规划的逻辑关系对于实现可持续城市和区域发展具有重要意义。通过研究交通规划和国土空间规划的协调与整合,进一步加强现代综合交通体系的建设,不断完善交通基础设施和服务水平,不仅有助于推动经济社会发展,还能在促进科技创新、提高城市品质、促进社会和谐、推动产业升级和服务国家战略等方面发挥积极作用。

二、国土空间规划中现代综合交通体系构建的目标

在国土空间规划中,现代综合交通体系构建的目标主要围绕"安全、便捷、高效、绿色和经济"这五个方面展开。这不仅是为了满足当前社会经济发展的需求,也是为了应对未来交通挑战的重要策略。

首先,安全是交通体系构建的首要目标。这涉及保障人们的生命安全和财产安全,具体来说,是要减少交通事故的发生,以及在发生事故时能够迅速有效地进行救援。其次,便捷也是现代综合交通体系的重要考量。这主要体现在提高交通网络覆盖率,优化交通设施布局以及提升交通工具的可达性和可换乘性,使公众在出行时能够快速、方便地到达目的地。再者,高效是现代综合交通体系的必然要求,其主要着眼于提高交通系统的运行效率,包括优化交通组织管理,提升交通工具的运载能力和速度以及推进交通科技创新等方面。此外,

绿色也逐渐成为现代综合交通体系的核心目标之一。随着人们环境保护意识的增强,交通体系构建需要注重节能减排,推广环保出行方式,减少交通对环境的负面影响,实现可持续发展。最后,经济是国土空间规划中现代综合交通体系构建的重要考虑因素。这包括交通基础设施建设的经济效益、交通运营管理的成本效益以及交通发展对区域经济的推动作用。

综上所述,国土空间规划中现代综合交通体系构建旨在建立一个安全、便捷、高效、绿色和经济的交通系统,以满足人们出行和货物运输的需求,促进经济社会可持续发展。

三、现代综合交通体系构建与国土空间规划要点

现代综合交通体系构建与国土空间规划要点主要涉及以下几个方面。

1. 对接国土空间规划的不同层级

国土空间规划分为战略规划、综合规划、专项规划和详细规划多个层级。不同层级的规划有不同的侧重点,从宏观的战略规划到微观的详细规划是对规划策略和内容的逐步细化并落实。

2. 构建不同层次的综合交通体系

综合交通体系规划作为顶层设计,既要传达交通战略发展意图,也要指导和约束其他交通专项规划和详细规划。综合交通体系规划需分解国土空间总体规划目标,建立交通规划指标体系,支撑国土空间开发和保护格局。此外,综合交通体系规划应根据经济社会活动的需求和空间联系的特点,构建服务不同空间层次的交通体系,包括都市圈、城市和中心城区等,这种交通体系应具备综合交通服务功能,满足不同空间层次的需求。在城市群和都市圈层面,侧重战略性、概念性和协调性,提出支撑国土空间发展战略的交通发展战略及控制指标和综合交通运输走廊和区域重大交通基础设施方案。市县综合交通规划,应落实国家和省级的发展战略和规划要求,制定具体的交通发展战略和实施策略,支撑国家战略的实现和区域协调发展。

3. 综合交通体系规划应发挥的积极作用

首先,综合交通体系规划应注重提升交通安全、效率和便利性。现代综合交通体系应充分发挥各种交通方式的优点,保障交通安全,提高交通运行效率,提供更加便利的出行和物流服务。实现资源节约、环境友好和节能减排的目标,对于保护生态环境、促进生态文明建设具有积极意义。其次,增强应急保障能力:现代综合交通体系需具有较强的应急保障能力,能够快速应对自然灾害、事故灾难等紧急情况,保障人民安全出行和物资安全运输。再者,综合交通体系规划应着重促进科技创新、推动相关产业发展:现代综合交通体系的建设需要依靠数字化、智能化等先进的技术和管理手段,不断推动科技创新和产业升级,促进如物流、旅游、商贸等相关产业的发展,促进城市和区域产业结构优化和升级。此外,提高城市品质也是规划的一大重要目标:现代综合交通体系应在完善城市基础设施、提升城市形象和品质、增强城市的吸引力和竞争力中发挥积极作用。最后,促进社会和谐:现代综合交通体系的规划建设应不断改善人们的出行条件,提高人民生活质量,增强社会凝聚力,促进社会和谐发展。

总之,构建现代综合交通体系和国土空间规划需要综合考虑经济社会需求、空间联系特

点、国家战略和省级规划要求等多个因素,以实现安全、便捷、高效、绿色和经济的目标。同时,综合交通体系规划需在增强应急保障能力、促进科技创新、推动相关产业发展、提高城市品质以及促进社会和谐发展等方面发挥积极作用。

四、加强构建交通专项规划与国土空间规划的协调落实机制

加强构建交通专项规划与国土空间规划的协调落实机制,可以从以下几个方面入手。

1. 建立联动机制

交通专项规划与国土空间规划之间存在密切的联系,因此需要建立联动机制,确保两者之间的协调性和一致性。具体来说,可以在规划编制阶段就建立沟通协调机制,共同研究、讨论和制定规划方案,确保两个规划的目标和措施相一致。

2. 强化数据共享

交通专项规划和国土空间规划都需要大量的数据支持。因此,需要加强数据共享,确保两个规划所采用的数据和信息来源一致,确保相关数字平台的数据能够对接和共享,减少重复劳动和资源浪费。

3. 促进规划实施

交通专项规划和国土空间规划都需要得到有效的实施才能发挥其应有的作用。因此,需要加强两个规划的实施协调,明确责任分工和实施主体,确保规划实施的顺利推进。

4. 完善评估机制

对交通专项规划和国土空间规划的实施效果需要进行评估和反馈。因此,需要完善评估机制,对两个规划的实施效果科学、客观、公正地进行评估,及时发现问题并采取相应的措施加以解决。

5. 加强政策支持

政府应该出台相关政策,加强对交通专项规划和国土空间规划的支持力度,推动两个规划的有效实施。例如,可以制定相关政策鼓励企业参与交通建设和国土空间开发,提供财政、税收等方面的优惠措施等。

总之,加强构建交通专项规划与国土空间规划的协调机制需要多方面的努力和措施,政府、企业和相关机构应该加强合作,共同推动两个规划的实施和发展。

五、小结

交通体系在支撑人类文明发展延续的空间结构中发挥着重要作用,这也意味着我国建设交通强国意义重大。首先,建设交通强国是满足人民对美好生活向往的需要。中国特色社会主义进入新时代,人民对过上更加美好幸福生活的期待更高,这要求交通运输业提供更高质量的服务。一个强大的交通体系能够促进区域协调发展,缩小城乡差距,推动经济社会发展。

其次,建设交通强国是服务国家战略需求、建设现代化强国的有力保障。交通运输业是基础性、战略性、先导性的产业,也是服务性的产业。它的发展对国民经济发展起到保障和促

进的作用,能够为加快建设富强、民主、文明、和谐、美丽的社会主义现代化强国提供坚强有力的保障。

此外,建设交通强国是时代的需要。当今世界科学技术迅猛发展,新的产业也不断涌现,新技术和新产业对交通运输的发展提出了更高的要求。加快交通强国建设,推动数字化、智能化等先进技术的应用,有助于抢抓世界科技革命的机遇,促进交通运输业更好、更快地发展。

因此,交通强国的建设不仅对支撑人类文明发展延续的空间结构具有重要意义,而且,推进交通强国建设,科学合理地进行国土空间规划,是不断满足人民对美好生活的向往的重要途径,也是推动经济社会的持续发展,实现国家富强、人民幸福的重要保障。

参 考 文 献

[1] 朱勍. 简明城市规划原理[M]. 上海:同济大学出版社,2014.
[2] 李德华. 城市规划原理[M]. 3版. 上海:同济大学出版社,2001.
[3] 国务院. 国务院关于调整城市规模划分标准的通知[Z/OL]. https://www.guancha.cn/politics/2014_11_20_301146.shtml.
[4] 曹叶,梁峙,马捷,等. 城乡统筹发展战略与新农村建设研究[J]. 黑龙江农业科学,2014(02):122-124.
[5] 黄俊. 城市群发展历程对比研究分析——以成渝城市群和国内外发达城市群对比为例[D]. 成都:西南财经大学,2011.
[6] 朱虹. 城市化进程中的世界城市群发展趋势[J]. 中国党政干部论坛,2014(02):100-101.
[7] United Nations. World urbanization prospects: the 2018 revision[R/OL]. https://population.un.org/wup/Publications/.
[8] 中华人民共和国国家发展和改革委员会."十四五"新型城镇化实施方案[Z/OL]. https://www.gov.cn/zhengce/zhengceku/2022-07/12/content_5700632.htm.
[9] 张车伟. 人口与劳动绿皮书:No.22,中国人口与劳动问题报告[M]. 北京:社会科学文献出版社,2021.
[10] 沈水生. 统筹城乡发展:主要任务和重要抓手[J]. 行政管理改革,2012(09):15-19.
[11] 邓川,王奕文,张芳瑜. 中外古代城市规划理论思想[J]. 山西建筑,2013,39(13):34-36.
[12] 荣南. 中国古代城市规划思想中的生态要素[J]. 绿色科技,2012(02):3-5.
[13] 吴志强,李德华. 城市规划原理[M]. 4版. 北京:中国建筑工业出版社,2010.
[14] 沈玉麟. 外国城市建设史[M]. 北京:中国建筑工业出版社,2008.
[15] 罗小未,蔡婉英. 外国建筑历史图说[M]. 上海:同济大学出版社,2008.
[16] 埃比尼泽·霍华德. 明日——真正改革的和平之路[M]. 北京:中国建筑工业出版社,2019.
[17] 吴良镛. 人居环境科学导论[M]. 北京:中国建筑工业出版社,2001.
[18] 吴志强. 国土空间规划原理[M]. 上海:同济大学出版社,2023.
[19] 黄焕春,王世臻. 国土空间规划原理[M]. 南京:东南大学出版社,2021.
[20] 全国城市规划执业制度管理委员会. 全国城乡注册规划师执业资格考试教材[M]. 北京:中国建筑工业出版社,2021.
[21] 吴松涛,周小新,苏万庆,等. 国土空间规划:概念·原理·方法[M]. 哈尔滨:哈尔滨工业大学出版社,2023.
[22] 中共中央宣传部,中华人民共和国生态环境部. 习近平生态文明思想学习纲要[M]. 北京:学习出版社,人民出版社,2021.
[23] 自然资源部国土空间规划局. 新时代国土空间规划:写给领导干部[M]. 北京:中国地图出版社,2021.
[24] 习近平生态文明思想研究中心. 深入学习贯彻习近平生态文明思想[N]. 人民日报,2022-08-18(10).

[25] 中共生态环境部党组.深入学习贯彻习近平生态文明思想 努力开创新时代美丽中国建设新局面[J].中国生态文明,2022(04):6-9.

[26] 中共中央办公厅.中共中央 国务院关于建立国土空间规划体系并监督实施的若干意见[Z/OL].https://www.gov.cn/zhengce/2019-05/23/content_5394187.htm.

[27] 游洁敏."美丽乡村"建设下的浙江省乡村旅游资源开发研究[D].杭州:浙江农林大学,2013.

[28] 喻锋,张丽君.遵循生态文明理念,加强国土空间规划[J].国土资源情报,2013(02):2-4.

[29] 中华人民共和国自然资源部.省级国土空间规划编制指南(试行)[Z/OL].https://gi.mnr.gov.cn/202001/t20200120_2498397.html.

[30] 中华人民共和国自然资源部.市级国土空间总体规划编制指南(试行)[Z/OL].https://gi.mnr.gov.cn/202009/t20200924_2561550.html.

[31] 魏旭红,开欣,王颖,等.基于"双评价"的市县级国土空间"三区三线"技术方法探讨[J].城市规划,2019,43(07):10-20.

[32] 中华人民共和国自然资源部.资源环境承载能力和国土空间开发适宜性评价指南(试行)[Z/OL].https://gi.mnr.gov.cn/202001/t20200121_2498502.html.

[33] 中华人民共和国自然资源部.自然资源部办公厅关于开展国土空间规划"一张图"建设和现状评估工作的通知[Z/OL].https://gi.mnr.gov.cn/202111/t20211129_2708446.html.

[34] 中华人民共和国自然资源部.国土空间调查、规划、用途管制用地用海分类指南[Z/OL].https://www.gov.cn/zhengce/zhengceku/202311/content_6917279.htm.

[35] 王迎,刘祥,赵瑞松.城市规划与交通规划协同教学研究[J].科教导刊(中旬刊),2014:134-135.

[36] 高悦尔,欧海锋,边经卫.城市道路与交通规划课程教学困境与改革探索——以华侨大学为例[J].福建建筑,2017(04):118-120.

[37] 徐永健,阎小培.西方国家城市交通系统与土地利用关系研究[J].城市规划,1999(11):38-43.

[38] 王春才,赵坚.城市交通与城市空间演化相互作用机制研究[J].城市问题,2007(06):15-19.

[39] 毛蒋兴,闫小培.国外城市交通系统与土地利用互动关系研究[J].城市规划,2004(07):64-69.

[40] 胡敏.轨道交通对城市空间布局的影响探析[J].现代城市研究,2007(11):34-39.

[41] 王晓原,苏跃江,单刚,等.基于TOD模式的城市土地利用研究[J].山东理工大学学报(自然科学版):1-6.

[42] 郝世英,严建伟,滕凤宏.轨道交通建设与城市空间结构的优化——台北经验启示[J].城市规划,2013(11):62-66.

[43] 薛冰冰.集约型城市互通式立交桥周边土地利用规划研究[J].科技风,2020(18):172+174.

[44] 陈峰,阚叔愚.土地利用与交通相互作用理论探讨[J].中国土地科学,2001(03):27-30.

[45] 周素红,杨利军.城市开发强度影响下的城市交通[J].城市规划学刊.2005(02):75-80.

[46] 张小松,胡志晖,郑荣洲.城市轨道交通对土地利用的影响分析[J].城市轨道交通研究,2003(06):24-26.

[47] 杨文悦,陈伟廉.依据服务半径理论合理布局上海园林绿地[J].中国园林,1999(02):44-45.

[48] 俞孔坚,段铁武,李迪华.景观可达性作为衡量城市绿地系统功能指标的评价方法与案例[J].城市规划,1999,23(08):8-11.

[49] 谭纵波.城市规划[M].北京:清华大学出版社,2005.

[50] 唐东芹,傅德亮.景观生态学与城市园林绿化关系的探讨[J].中国园林,1999(03):40-43.

[51] 高军波,周春山,叶昌东.广州城市公共服务设施分布的空间公平研究[J].规划师,2010(04):12-18.

[52] 孙德芳,秦萧.城市公共服务设施配置研究进展与展望[J].现代城市研究,2013,28(03):90-97.

[53] 柴彦威,李春江.城市生活圈规划:从研究到实践[J].城市规划,2019,43(05):9-16+60.

[54] 王德,殷振轩,俞晓天.用地混合使用的国际经验:模式、测度方法和效果[J].国际城市规划,2019,34(06):79-85.

[55] 朱俊华,许靖涛,王进安.城市土地混合使用概念辨析及其规划控制引导审视[J].规划师,2014,30(09):112-115.

[56] 周春山.城市空间结构与形态[M].北京:科学出版社,2007.

[57] 靳美娟,张志斌.国内外城市空间结构研究综述[J].热带地理,2006(02):134-138+172.

[58] 齐康.城市建筑[M].南京:东南大学出版社,2001.

[59] 陈佑启.城市边缘区土地利用的演变过程与空间布局模式[J].国外城市规划,1998(01):10-16.

[60] 李海峰.城市形态、交通模式和居民出行方式研究[D].南京:东南大学,2006.

[61] 于涛方.单中心还是多中心:北京城市就业次中心研究[J].城市规划学刊,2016(03):21-29.

[62] 高贺,冯树民,郭彩香.城市道路网结构形式的特点分析[J].森林工程,2006(05):28-31.

[63] 韦亚平.都市区空间结构与绩效——多中心网络结构的解释与应用分析[J].城市规划,2006(04):9-16.

[64] 吴一洲.多中心城市空间结构概念、案例与优化策略[M].北京:中国建筑工业出版社,2018.

[65] 王颖.中国特大城市的多中心空间战略——以上海市为例[J].城市规划学刊,2012(02):17-23.

[66] 代明,张杭,饶小琦.从单中心到多中心:后工业时代城市内部空间结构的发展演变[J].经济地理,2014,34(06):80-86.

[67] 于璐,郑思齐,刘洪玉.住房价格梯度的空间互异性及影响因素——对北京城市空间结构的实证研究[J].经济地理,2008(03):406-410.

[68] 安蕾.从功能结构到空间布局特征——国际化大都市发展实践比较研究[J].华中建筑,2013,31(03):91-95.

[69] 孙斌栋.城市空间结构对交通出行影响研究的进展——单中心与多中心的论争[J].城市问题,2008(01):19-22+28.

[70] 胡昕宇.亚洲特大城市轴核结构中心区空间与业态定量研究[D].南京:东南大学,2015.

[71] 王颖.区域空间规划的方法和实践初探——从"三生空间"到"三区三线"[J].城市规划

学刊,2018(04):65-74.

[72] 吴若谷,周君,姜鹏.城镇开发边界划定的实践与比较[J].北京建设规划,2018(03):80-83.

[73] 华南理工大学建筑学院城市规划系.城乡规划导论[M].北京:中国建筑工业出版社,2012.

[74] 陈梦筱.城市形态与产业空间布局实证研究——以河南省为例[J].区域经济评论,2015(02):144-149.

[75] 丁洁芳,汪鑫.我国城市产业规划研究进展与展望[C]//中国城市规划学会.共享与品质——2018中国城市规划年会论文集.北京:中国建筑工业出版社,2018.

[76] 梁浩.探索产业规划对城市规划的促进作用[J].全球科技经济瞭望,2017,32(10):55-59.

[77] 印晓晴.产业发展和土地规划的融合研究[J].上海国土资源,2016,37(03):5-9.

[78] 刘旷.文化引领型小城镇空间发展模式与规划探索——以曲阳县灵山镇为例[J].小城镇建设,2021,39(04):34-43.

[79] 韩涛.基于共生理念的城市用地布局模式探索——以天津市国家级文化产业示范区为例[J].规划师,2011,27(07):61-67.

[80] 陈楠.中心区的混合功能与城市尺度构建关系——新加坡滨海湾区模式的启示[J].国际城市规划,2017,32(05):96-103.

[81] 王蓓.基于使用后评价的街区型住区设计策略研究——以锦绣东城住区为例[J].装饰,2017(05):134-135.

[82] 魏伟.基于供需匹配的武汉市15分钟生活圈划定与空间优化[J].规划师,2019,35(04):11-17.

[83] 赵万民.生态文明视角下山地城市绿色基础设施研究——以重庆市九龙坡区新城为例[J].城市规划,2021,45(07):91-103.

[84] 杜建华,孙永海.转型发展期深圳综合交通体系规划标准研究[J].规划师,2013,29(06):57-61.

[85] 党武娟,李杰,罗小强.城市轨道交通列车编组方案优化浅析[J].交通科技,2013(02):105-107.

[86] 李春舫.综合交通枢纽与城市交通体系的整合[J].铁道经济研究,2013(06):47-52.

[87] 王思煜.东莞轨道交通引导城市发展策略[J].开放导报,2013(06):90-93.

[88] 于鑫,张凌云.北京市轨道交通与铁路四网融合发展研究[J].现代城市轨道交通,2021(01):1-6.

[89] 戴慎志,刘婷婷.城市基础设施规划与建设[M].北京:中国建筑工业出版社,2016.

[90] 戴慎志.新一轮大城市总体规划的市政基础设施规划编制转型策略[J].城市规划学刊,2018(01):58-65.

[91] 戴慎志.转型期我国大城市关键市政基础设施规划策略研究——以太原市为例[J].城市规划学刊,2019(S1):212-219.

[92] 荣博.城市地下综合管廊规划理论研究——以北京新机场临空经济区为例[C]//中国城市规划学会.活力城乡 美好人居——2019中国城市规划年会论文集.北京:中国建筑工业出版社,2019.

[93] 刘世瑛.综合管廊平面布局规划研究[C]//邵益生.城市基础设施高质量发展——2019

年工程规划学术研讨会论文集(下册).北京:中国城市出版社,2019.

[94] 彭世兴.综合管廊和地铁同步建设技术可行性分析[J].福建建筑,2017(07):164-166.

[95] 刘婷婷.智慧社会基础设施新类型拓展与数据基础设施规划编制探索[J].城市规划学刊,2019(04):95-101.

[96] 刘冬宇.智慧城市信息基础设施规划浅析[J].电信技术,2017(08):127-129.

[97] 李天一.5G背景下的城市通信基础设施规划[C]//邵益生.城市基础设施高质量发展——2019年工程规划学术研讨会论文集(下册).北京:中国城市出版社,2019.

[98] 董海涛.城市规划中电动汽车充电基础设施发展建设研究[J].智能城市,2017,3(08):15-17.

[99] 胡楠.高密度城市的绿色基础设施规划策略研究[J].智能建筑与智慧城市,2020(10):17-19.

[100] 冯矛.雨洪韧性视角下的城市绿色基础设施规划路径探索——以重庆市铜梁区为例[C]//邵益生.城市基础设施高质量发展——2019年工程规划学术研讨会论文集(下册).北京:中国城市出版社,2019.

[101] 李卫平.谈谈城市控制性详细规划[J].中国新技术新产品,2013(05):206.

[102] 冯亚梅,龙运军,方玉.基于控制性详细规划层面的城市设计初探[C]//中国城市规划学会.规划60年:成就与挑战——2016中国城市规划年会论文集.北京:中国建筑工业出版社,2016.

[103] 宋雷.中小城市控制性详细规划编制与实践[J].小城镇建设,2013(05):59-63.

[104] 刘海燕,武志东.控制性详细规划的弹性指标控制初探[J].山西建筑,2012,38(04):25-26.

[105] 同济大学,天津大学,重庆大学,等.控制性详细规划[M].北京:中国建筑工业出版社,2011.

[106] 孙延晖.控制性详细规划创新研究[J].吉林建筑工程学院学报,2012,29(01):67-70.

[107] 张京祥,黄贤金.国土空间规划原理[M].南京:东南大学出版社,2021.

[108] 伍黎芝.乡村振兴背景下全域土地综合整治转型发展及路径选择[J].小城镇建设,2020,38(11):10-15.

[109] 陈锡文.当前农业农村的若干重要问题[J].中国农村经济,2023(08):2-17.

[110] 孙斌栋,潘鑫.城市空间结构对交通出行影响研究的进展——单中心与多中心的论争[J].城市问题,2008(01):19-22+28.

[111] 韩林飞,蔡成明.首都的转变:城市空间结构与交通协同发展规划策略对比研究[J].北京规划建设,2023(01):153-161.

[112] 王凯.开展城市体检评估工作建设没有"城市病"的城市[J].城乡建设,2021(21):22-25.

[113] 中共中央,国务院.交通强国建设纲要[Z/OL].https://www.gov.cn/zhengce/2019-09/19/content_5431432.htm.

[114] 钱林波,彭佳,梁浩.国土空间综合交通体系规划的新要求与新内涵[J].城市交通,2021,19(01):13-18.